LE CRIME
EN TOUTE HUMANITÉ

DU MÊME AUTEUR

L'ANIMAL JUDICIAIRE, LES ÉCRITS ET LA MORT DE CLAUDE BUFFET, Grasset, 1975.

LE DÉSIR DE PUNIR. ESSAI SUR LE PRIVILÈGE PÉNAL, Fayard, 1979.

THIERRY LÉVY

LE CRIME EN TOUTE HUMANITÉ

BERNARD GRASSET
PARIS

AVANT-GARDE

La recherche du plaisir est au cœur de toute action violente. Le fait que les protagonistes du drame ont des buts spécifiques à atteindre ne les empêche pas de participer à cette recherche de manière plus ou moins consciente ou volontaire, même si cette participation se traduit d'abord – ce qui est le cas de la victime bien sûr – par des souffrances intolérables. Ils ne sont pas les seuls à mener cette recherche. Tous ceux qui s'occupent du crime poursuivent, par des voies diverses, le même objectif, mais ils ne veulent à aucun prix que cette préoccupation apparaisse. Si les hommes voulaient se donner la peine d'être un peu attentifs à ce qui se passe dans leur imagination, la question criminelle serait traitée de manière moins injuste et plus efficace.

On a beaucoup parlé, à tort et à travers, de responsabilité collective à propos du crime, mais il y a un fait bien plus important et plus significatif qui a été très peu mis en évidence, c'est que le crime n'est pas un instantané dans la conscience du criminel mais plutôt un acte qui s'accomplit dans la durée et collectivement.

Évidemment, cette affirmation semble paradoxale dans la mesure où l'enquête judiciaire est faite pour mettre en évidence cet instant où une conscience pleinement lucide a ordonné et accompli l'acte qu'elle avait conçu. Tout le système pénal repose sur le postulat qu'une telle enquête est possible et, de fait, elle l'est partiellement car on peut toujours convaincre quelqu'un qu'il a voulu librement le résultat, tout le résultat, de ses actions. Il y a l'auteur, les coauteurs et les complices et chacun se voit attribuer sa part de responsabilité personnelle à partir de cette idée que la portée du crime est rattachable à l'un ou l'autre de ceux qui ont eu le rôle le plus actif et le plus visible. La question de savoir si l'auteur matériel de l'acte jouissait bien de toutes ses facultés mentales donne lieu à des controverses interminables et peu glorieuses mais le véritable point d'ancrage de la question criminelle se situe largement en amont d'une telle controverse.

Au début, l'enquête est conduite par des considérations purement matérielles (rechercher les causes qui ont permis, favorisé et réalisé le crime). Même sous ce seul aspect, elle est très vite amenée à quitter son sujet. Voudrait-on se montrer très expéditif qu'on ne pourrait pas se contenter d'énumérer les causes immédiates, celles qui paraissent les plus proches. Si c'est un enfant qui tient l'arme, on voudra savoir qui l'a mise entre ses mains, si c'est un adulte, par quel moyen il se l'est procurée, etc. La remontée vers les causes lointaines répond à une nécessité objective mais c'est un chemin sans fin. Pourquoi s'arrêter ici plutôt que là ? Il faut bien fixer une limite aux investigations, mais c'est forcément une limite subjective.

Même si toutes ces choses sont menées avec le plus

grand soin, de manière à peu près irréprochable (on est d'ailleurs toujours surpris par le nombre et l'étendue des vérifications auxquelles donne lieu une information judiciaire), ce n'est pas cela qui va déterminer le choix de la sanction. En quoi consistera le travail du juge? Qu'est-ce qui va l'aider à prendre la décision d'arrêter son examen et de fixer la peine? Est-ce un domaine où la subjectivité règne en maître? On le dirait, dans la mesure où il n'y a pratiquement aucun lien entre les éléments matériels qui ont constitué l'infraction et la gravité de la peine prononcée. En réalité, le juge se soumet à des considérations qui n'ont rien de subjectif, qui sont l'objectivité même, mais qui ne sont codifiées nulle part et dont on ne parle jamais.

Avec quelques variantes locales, la décision judiciaire est le résultat d'un corps de règles et d'une méthode aussi occultes que rigoureux qui la situent au rang d'une pratique barbare et archaïque.

Le crime est un mal, défini par la loi. On peut s'entendre là-dessus et la loi dit avec plus ou moins de certitude et de fermeté ce qui doit être considéré comme le mal le pire. Seulement, cette notion du crime ne tient aucun compte de ce qui donne à la question pénale sa vraie dimension, son ampleur, de ce qui fait que le crime a une utilité sociale. Il y a une règle du jeu, qui n'est pas appliquée. On joue le jeu, de manière très cruelle, mais avec une autre règle, qui n'est pas dite. En gros, la justice pénale sert moins à protéger la société contre le crime et contre les criminels qu'à lui procurer, au mépris de ses règles et des droits des plus faibles, une jouissance.

L'acte criminel est un acte collectif. Cela n'est pas une manière de parler. Bien sûr, chacun admettra que l'infraction ne commence ni ne s'arrête dans l'instant où elle se réalise, qu'elle ne vient pas du néant et qu'elle n'y retourne pas, qu'elle est pleine des pensées et des gestes qui l'ont préparée ainsi que des enchaînements qu'elle s'apprête à libérer, mais on voudra n'y voir que la présence diffuse d'autrui, une simple évocation de possibles, alors qu'il s'agit d'une véritable création commune, d'une genèse concertée.

C'est qu'en effet l'acte criminel a ceci de particulier qu'il n'a pas sa vérité en lui-même. Les résultats ne se font évidemment pas attendre mais la portée du crime, son retentissement et même sa nocivité dépendent de circonstances qui lui sont tout à fait extérieures. Et si les événements qui dégagent la portée et la signification du crime lui sont étrangers, cette portée et cette signification sociales sont tout de même des morceaux du crime, comme un moteur dont certains rouages, pourtant étroitement assemblés les uns aux autres, ne se mettraient pas en marche au même moment mais successivement et en fonction, par exemple, des vitesses atteintes par l'ensemble. En tout cas, le crime est un fait qui attend la réaction et la sanction sociales pour se transformer en acte. Toute l'histoire de la peine montre que le même fait, selon les époques, perd son caractère criminel ou en acquiert un qu'on ne lui soupçonnait pas.

Après tout, c'est le droit de la société de dire, en considération des mœurs du temps, que tel fait dommageable n'entraînant plus aucune réprobation a perdu son existence criminelle. Ces évolutions ne seraient pas forcément significatives si le rôle des causes extérieures devait se limiter à un changement dans les mentalités. Le meurtre, le viol, le vol – cas indiscutables –

sont des incriminations qui ignorent l'histoire et la géographie et font l'objet d'une réprobation universelle. Or, c'est précisément à leur endroit que l'intervention des tiers joue le plus grand rôle dans la genèse de l'acte criminel.

1

A VOIR ET A MANGER

Le but du procès est de préparer le jugement, mais on doit bien distinguer les différents aspects de la démarche judiciaire. Il y a un parti, une décision à prendre. Il faut choisir l'une des thèses qui s'affrontent, avec peut-être cette arrière-pensée que la vérité se situe entre les deux. En cela, le jugement s'apparente à n'importe quelle forme d'exercice du pouvoir. Et puis, il y a une autre opération, bien plus complexe et aussi bien plus importante. C'est cette espèce de chimie dont le but est d'isoler le noyau dur de l'infraction, de faire apparaître en pleine lumière la quantité d'intention criminelle, de discerner cet instant de la volonté qui mérite – et lui seul – d'être frappé de plein fouet par la peine. Or, c'est justement dans cette phase que le procès échappe le plus à celui qui va en porter, seul, tout le poids. Quand le juge a fini sa délibération et revient avec le verdict, il est rare qu'il regarde l'accusé en face. Il y a, à cela, une raison toute simple. Le regard de cet homme dont il va prononcer la condamnation lui fait peur. Ce n'est pas qu'il craigne d'impossibles ou hypothétiques représailles, mais c'est le moment où se noue une certaine complicité entre les deux hommes. Pendant tout le cours du procès, le juge a fait semblant d'arbitrer, de dominer la situation, de la considérer avec sérénité et impartialité; au moment de la décision, il ne peut plus jouer ce jeu car, cette fois, il rapporte sa part du butin criminel et il a des allures de bandit au moment du partage. Le juge n'est pas seulement la personne qui dit la décision, c'est la configuration ultime de tous ceux qui ont collaboré à l'acte criminel pour en déterminer la portée et en fixer les limites. On voit bien quelle est la pensée élevée du juge. Il se met entre deux violences, celle qui s'est exprimée et celle qui se contient encore, et il a l'ambition d'en déclencher une troisième, d'une autre nature, la seule juste. Bien qu'elle soit protégée par l'institution, une telle ambition ne peut être qu'ambiguë et même suspecte, douteuse. Elle l'est à coup sûr, comme le serait l'œuvre d'un architecte qui refuserait de divulguer ses plans. La violence est ambivalente. N'est-elle pas l'ambivalence même puisqu'elle exprime à la fois une force et une faiblesse, un désir et une crainte, un plaisir et une douleur? En acte, elle est tout cela à la fois. Rien ne peut la sauvegarder d'une confusion qui fait partie d'elle-même. Pour quelle raison la mission du juge, qui s'apprête à la contrôler et aussi à la mettre en œuvre, le placerait-elle à l'abri du double langage? Le danger n'est pas qu'il soit, comme chacun de nous, le jouet d'une certaine confusion de sentiments, il est plutôt qu'il s'estime capable d'y échapper. La violence en acte, c'est un vif-argent insaisissable. Pire encore que le malheur qui s'abat brusquement, l'idée remue en soi que ce spectacle fugitif est attrayant pour l'esprit et pour le regard. A de rares exceptions près, lesquelles rivent leur clou aux pires bavards, l'accident laisse la douleur sur sa faim tandis que le crime a mille moyens de la rassasier. Le malheur est une simplification. On le sait bien et n'aime guère l'admettre. On découvre en soi d'étranges abîmes où le regard n'a pas trop envie de plonger. Si douloureuse que soit la meurtrissure, l'empreinte est trop intense pour laisser le malheur parler seul. Ce qui s'est fait en un instant va devoir se dérouler, à allure lente, dans la durée. Il va falloir que le moment excessif et brutal du crime absorbe en lui toute la mise en scène dont la sensibilité, broyée et privée en même temps, a besoin. L'enquête judiciaire a d'abord la nécessité d'une histoire. Elle doit raconter avec les contraintes du récit, mais elle a des contraintes techniques particulières (comme par exemple une information psychologique sur la personnalité de l'accusé) et un but précis, celui de stigmatiser l'intention coupable de l'auteur du crime. Au moment où il se produit, le fait criminel exhibe des éléments épars qui bousculent la sensibilité, souvent de manière cruelle. Chacun de ces éléments a sa pondération affective et émotionnelle spécifique. Ce sont des variables qui dépendent de la manière dont les choses sont arrivées et ont été vécues et aussi de celle dont elles ont été racontées. Une fois agencées et rassemblées, ces variables vont être entassées afin que celui qu'on va juger responsable puisse les porter seul. Il y aura donc une proportion à respecter entre la charge à porter et la capacité individuelle (c'est-à-dire l'intention criminelle) de l'endosser. Plus la charge sera lourde, plus l'intention criminelle devra être développée. Si le poids des faits ne dépendait que de la volonté individuelle du criminel, l'existence de cette proportion serait normale, mais ce n'est pas le cas. Le poids des faits est le résultat d'une histoire collective où les contributions extérieures ont pris plus de place que celle qui émane de l'accusé lui-même.

Spectacle insoutenable, mais spectacle avant tout. Comment le dire autrement? La violence physique parcourt le chemin rapidement, dans l'ordre du vivant et de l'imprévisible. Il suffit d'une résistance inattendue pour transformer une volonté nocive, mais surtout inquiète, en quelque chose de plus sauvage. Il se fait comme un débordement d'une source claire, les eaux deviennent boueuses. Cette violence, qui nous fait peur et dont chacun de nous est capable, ne se renforce pas par des raisons, mais se déploie comme une puissance dont les remblais sont brisés. Barrages successifs qui cèdent comme autant de cassures dans la conduite du désordre intérieur. A mesure qu'elle augmente et accumule ses destructions, cette force libérée s'appauvrit et se vide de toute signification de telle sorte qu'on sera bientôt réduit à la désigner comme folle ou comme barbare, sachant que le point où elle exprimait une volonté consciente n'a occupé qu'une place infime dans le déploiement de ses ravages. Les ravages, parfois même les désastres, sont là, d'une existence semblable à ceux que peut causer la nature mais cette fois imputables à son versant humain. Alors, la besogne n'est pas achevée. Le crime continue, il recommence ou, plutôt, il s'accomplit. On ne va pas seulement reconstituer le tableau des douleurs mais, en un puzzle inerte, mettre bout à bout les morceaux de chair et de sang afin que s'exerce la vindicte. Sur ce chemin de poussière, on va traîner deux pantins, la dépouille de la victime et celle de l'accusé, évidemment inapte à exprimer à nouveau la « folie meurtrière » dont on agite, sous ses yeux, les lambeaux. Il y a abondance de détails qui arrêtent l'œil et soulèvent le cœur. On va en faire un gros amas d'ordures et de reproches mélangés. Les forces condamnées chez le criminel se déchaînent à nouveau, mais en toute innocence. Ah, les braves gens! Gros travail, fatigant, sur du terrain arpenté, avec photos. Reconstitution cependant très sélective puisqu'elle ne laisse pratiquement pas la parole au principal intéressé auquel on dicte des attitudes qui, même si elles sont exactes (ce qui est rarement le cas), sont bien trop rigides pour exprimer quoi que ce soit. Du point de vue de l'aide à la compréhension des faits, voire des responsabilités, le tas d'informations ici empilées est insignifiant, nul. Malgré les défauts enjoliveurs qui lui sont inhérents, la fiction cinématographique, ne serait-ce que parce qu'elle restitue un mouvement, fait beaucoup mieux que ces bouts fixes qui se veulent fidèles à la réalité. On feuillette cet album d'images, on voit la pièce où on a découvert le cadavre, une vue de la pièce où on a découvert le cadavre depuis le vestibule, une vue de la pièce où on a découvert le cadavre depuis la salle à manger, la cuisine avec des reliefs de repas, la porte d'entrée avec la trace d'effraction, l'accusé au moment où il s'apprête à forcer la porte d'entrée, on voit tout cela, et plus on en voit, moins on comprend. C'est figé, dévitalisé, inintelligible. A quoi sont destinés ces vestiges opaques? A nous permettre de revivre (?) les gestes qui ont précédé, accompagné et suivi le crime, à mesurer les distances parcourues, en somme à mettre le juge à la place de la victime ainsi qu'à celle de l'assassin. Ce but fantasmatique, avec de tels moyens, ne peut pas être atteint, mais le succès de l'entreprise est total d'un tout autre point de vue. Désormais, les faits et gestes du crime font masse, ils obstruent le chemin du procès, tas de gravats immobile et hostile qui bouche toute la vue. Comme à plaisir, on a accumulé des poids de non-sens, un vrac hébété qui écrase.

A côté des scènes généralement en noir et blanc qui sont censées représenter l'action criminelle, on met en circulation des clichés, polychromes cette fois, du malheureux corps mutilé, comme si les blessures qui l'ont mis à mal n'étaient pas une souillure suffisante. A cette exhibition, on donne comme prétexte qu'elle permet de saisir, par la vue des coups, la violence du geste et, partant, la détermination de l'accusé. Ainsi, on veut faire croire qu'il est possible de *matérialiser* une intention, d'en apprécier l'intensité à travers les dommages provoqués, dans les flaques de sang ou bien encore dans les débris de cervelle épars alentour. C'est là un exemple de perversion mentale qui fait sourire, mais qui fait horreur aussi. La brutalité, voire la multiplicité des coups portés, ainsi que la force déployée au cours de l'action ne peuvent pas donner la moindre idée de la quantité d'intention lucide mise au service du crime. Et ce n'est pas uniquement parce qu'il est difficile de mesurer une quantité d'intention. Chacun sait bien que le coup ajusté à une très longue distance au moyen d'une arme perfectionnée peut exprimer une volonté de destruction égale ou même supérieure à celle dont était animé celui qui a défoncé la tête de sa victime en lui portant d'innombrables coups du marteau trouvé sur place. Chacun sait cela, mais l'image du marteau qui démolit un crâne fait beaucoup plus mal que celle du fusil à lunette. En fait, il est très probable que l'homme au fusil, parce qu'il a préparé son coup, choisi l'arme, adopté un poste de tir et exercé une surveillance, avait pris une décision plus inébranlable que le meurtrier au marteau. Et pourtant, l'image inerte, bien que très pauvre, est tellement forte que l'homme au marteau risque une condamnation bien plus lourde que l'homme au fusil. Dans le cas de l'homme au marteau, c'est la violence physique qui a été montrée, sa vue est faite pour déclencher des réflexes, en tout cas des réactions superficielles de très vive répulsion. Pendant qu'on excite la sensibilité des juges avec des moyens de ce genre, on crée les conditions pour que l'expression des victimes, des témoins et des accusés soit gênée, peu naturelle, pataude, *maladroite.* Un climat emprunté, d'alourdissement général, abruti par le cérémonial, domine les débats. A côté d'une sensibilité chauffée à blanc, des facultés intellectuelles réduites, c'est l'ambiance de l'audience criminelle. L'homme au marteau, avec sa force, cette cassure aussi qui est en lui, est bien incapable de retrouver l'harmonie infernale de son geste, cette échappée dont il a été l'instrument, la course épuisante menée en vain pour retenir une violence, méconnaissable, si peu conforme à sa nature, pacifique. Dans le travers des efforts qu'il pourrait faire se dresse le tas d'immondices. L'horreur de tout cela, la laideur qui se dégage ne lui appartiennent pas plus qu'à ceux qui ont fait le tas ni à ceux qui le regardent. C'est posé là, pour le faire taire. Si la mise en scène est destinée à gâcher l'expression, à l'alourdir jusqu'à la rendre impossible, elle répond à une autre finalité, encore plus précise. L'homme au marteau n'a plus de place où se mettre. Tout le terrain disponible est encombré par le tas. Il y a lui et le tas, et tout ce qu'on attend de lui, c'est qu'il mette le tas sur ses épaules et qu'il l'emporte car si on lui laissait la place, non pas de se mettre en avant, mais d'expliquer ce qu'il était venu faire et ce qui l'en a détourné, chacun verrait que l'intention de tuer l'a très peu occupé, très peu mobilisé. Peut-être même, tant la violence a tout emporté, qu'elle ne l'a pas occupé du tout. Cela se verrait assurément s'il n'y avait pas le tas d'ordures au beau milieu du lent cérémonial et cela contrarierait énormément la marche du système qui tourne contre cette pensée. Les juges, comme tous ceux qui assistent au procès, sont eux aussi agités par des impressions troubles, ils ont eux aussi des impulsions, et notamment celle de casser la cérémonie, d'interpeller directement les témoins, la victime et l'accusé et de laisser bouger en eux ce qui les rapproche intimement de la violence. Ils sont là pour la condamner, mais en même temps ils sentent qu'ils sont là pour autre chose, que le rôle qu'on attend d'eux n'est pas conforme à ce qu'ils éprouvent, que l'infraction racontée éveille en eux un écho et que cet écho n'a pas grand-chose à voir avec le spectacle offert. Les lieux du crime, c'est permis. Les photos obscènes en couleurs, c'est permis. Les investigations les plus superficielles dans la personnalité de l'accusé, c'est encore permis, mais la compréhension du geste qui a tout brisé, du moment où les défenses ont été emportées, là non, c'est interdit. Le tas d'ordures est là, parmi d'autres moyens, pour le rappeler aux juges et étouffer toute velléité de franchir l'invisible frontière.

La bienveillance à l'égard du crime passionnel ne s'explique pas autrement. Qu'est-ce qui distingue le crime passionnel des autres crimes de sang? Dans le crime passionnel, la victime est carrément mise en cause. Après avoir exhibé le tas d'immondices, on a aussitôt corrigé l'impression qui se dégage en levant un coin de voile sur ses mœurs, ses infidélités ou sur ses manières brutales. Elle est apparue avec ses défauts, ses excès et sa façon d'abuser de son pouvoir. On en vient à plaindre l'accusé. Après tout va très vite car ce n'est pas le recours à la force qui est condamné en soi ni même la volonté de tuer. Il aura suffi qu'on ouvre une voie qui légitime la violence pour que celle-ci soit aussitôt approuvée et même adoptée jusque dans ses pires conséquences. Il n'y a pas lieu de s'en étonner. Elle était latente depuis le début du procès et tournoyait à la recherche d'un passage par où s'engouffrer. Le bon accueil réservé à ceux qui tuent, par amour disent-ils, n'est pas seulement révélateur d'une sensibilité sélective à l'égard de la violence, mais montre aussi que l'intensité de la volonté homicide n'est pas le critère que retiennent les juges pour choisir ou écarter une peine sévère. L'accusé n'a en effet jamais prétendu qu'il n'était pas dans son intention de tuer celui ou celle qui l'avait tant fait souffrir.

Avec les cas d'autodéfense, la situation est, si l'on peut dire, encore plus claire. On tue celui qui est venu voler. Qu'il soit acquitté ou condamné avec indulgence, le meurtrier a fait quelque chose qu'on aurait aimé faire à sa place. Il l'a fait sans hésitation et sans regrets et au moment où il a appuyé sur la détente de son arme, il était pleinement lucide et conscient. Il a mis dans son geste toute la détermination possible et le but qu'il s'est proposé est bien celui qui a été atteint, la destruction d'un être qu'il jugeait nuisible. Quant à la victime ou à sa mémoire, c'est à peine si elle a eu le droit de pénétrer sur la pointe des pieds dans la salle d'audience pour y faire observer qu'on est tout de même en présence d'une tentative de meurtre ou même d'un meurtre.

Si l'homme au marteau est un rôdeur, il doit s'attendre à la condamnation la plus dure. Il pourra s'y prendre comme il voudra, jouer de tous les registres, gémir, pleurer, hurler, tonner, se faire humble ou se montrer menaçant, expliquer, démontrer même qu'il n'imaginait pas qu'on lui opposerait la moindre résistance, qu'il s'est emparé du marteau à l'instant, mais à l'instant seulement, où sa victime réussissait à le blesser (il porte encore la trace de sa blessure), qu'il n'avait donc aucune envie de tuer, qu'il a tué peut-être pour échapper à la poursuite ou peut-être encore pour une autre raison qu'il discerne mal, qu'en tout cas il n'a pas tué pour tuer comme l'amant bafoué ou pour protéger son bien comme l'homme au fusil, ses chances de se faire entendre ne seront pas infimes, elles seront nulles.

Peu à peu, c'est la première règle du jugement des crimes qui se dégage. Lorsque la violence est physique, la part du crime dépend beaucoup moins du criminel que de ceux qui le considèrent et qui le jugent. Dans l'échelle des peines, l'homme au marteau va se trouver très en avance sur l'amant bafoué (qui peut être aussi une femme délaissée) ainsi que sur l'homme au fusil, lesquels vont, eux, se trouver en concurrence.

Dans le système pénal français actuel, l'homme au marteau a toute les chances d'être condamné à la réclusion criminelle à perpétuité. Dans le meilleur des cas pour lui, il sera condamné à vingt ans de réclusion criminelle. L'amant bafoué et l'homme au fusil peuvent espérer être acquittés. Dans le pire des cas, ils seront condamnés à cinq ans de réclusion criminelle.

Les chances de l'homme au fusil d'emporter un acquittement ne dépendent absolument pas de la quantité d'intention criminelle qu'il aura placée dans son geste. On va le voir, ces chances ne dépendent pas de lui mais de faits extérieurs, de ces contributions extérieures qui seront entrées, plus qu'il ne l'aura fait lui-même, dans la constitution de l'acte criminel.

La première condition est qu'il n'ait aucun lien personnel avec la victime. Il peut la connaître, il serait même bon qu'il la connaisse pour avoir été déjà dévalisé par elle, mais il ne doit avoir entretenu aucune relation personnelle avec elle.

La deuxième condition est qu'il ait été victime, dans un passé récent, d'une série de vols et que les moyens mis en œuvre pour empêcher ces vols se soient révélés inefficaces.

La troisième condition est que la victime ait déjà été condamnée pour des vols ou des actes considérés comme similaires.

La quatrième condition est que la victime ait tenté d'agir la nuit.

Si ces quatre conditions sont réunies, l'acquittement est à peu près certain. Il faut ajouter que ni la première, ni la deuxième, ni la troisième condition ne sont nécessaires si une cinquième condition est venue s'ajouter à la première et si la victime, agissant la nuit, était armée. Dans cette dernière hypothèse en effet, la présomption de légitime défense jouerait à plein. Cet exemple, emprunté à des expériences répétées, illustre le fait que la volonté de détruire une vie humaine ainsi que la personnalité de l'accusé comptent beaucoup moins, dans l'appréciation de la responsabilité de ce dernier, que les éléments extrinsèques qui éclairent le recours à la violence. La bienveillance ne s'adresse pas à l'auteur du meurtre mais à l'acte lui-même qui se trouve partiellement excusé par la personnalité de la victime. Une fois que les conditions qui viennent d'être énumérées sont réunies, le meurtrier peut, sans inconvénient, exhiber sa détermination. Elle ne pourra plus se retourner contre lui, bien au contraire.

L'amant bafoué est dans une situation très voisine de celle de l'homme au fusil. Pas plus que lui, il n'a besoin de dissimuler ou d'atténuer sa volonté destructrice. En revanche, son histoire personnelle – et, de ce fait, une partie de sa personnalité – aura un rôle plus important. Une fois de plus, cependant, les éléments extrinsèques seront déterminants. La première condition est que la victime ait eu un comportement résolument anticonformiste.

La deuxième condition est que la victime ait exercé un pouvoir abusif sur le meurtrier, au moyen de violences physiques ou morales.

La troisième condition est que la victime ait fait apparaître, par des actes positifs, sa volonté et sa capacité de maintenir son emprise sur le meurtrier. Tandis que celui-ci (ou celle-ci) cherchait à y échapper.

Ces trois conditions forment en quelque sorte une structure de base, l'absence de l'une d'entre elles suffisant à faire perdre à l'amant bafoué l'avantage de sa position. Naturellement, le choix de la peine variera en fonction du degré auquel se sera porté chacun de ces comportements. Passé un certain seuil, l'acquittement est évidemment possible. Il faut donc abandonner l'idée que l'intention méchante, la force de cette intention dominent le procès criminel. L'exemple de l'amant bafoué pourrait conduire à penser que l'instance de jugement s'estime investie des intérêts moraux de la victime et se montre moins sévère à l'égard de l'accusé lorsqu'elle considère que ces intérêts moraux ne méritent pas d'être protégés. Il s'agirait là d'une impasse car on se trouve souvent en présence de situations (c'est le cas le plus fréquent et c'est en particulier le cas du rôdeur au marteau) où le comportement de la victime ne peut même pas être abordé. Il n'est pas question que l'accusé ou son défenseur mettent en cause, ne serait-ce que par une allusion, ce comportement. En fait, le comportement de la victime est un élément extrinsèque parmi d'autres. C'est une simple structure d'accueil de la part criminelle de l'instance de jugement.

Il a été question de la peine encourue par l'homme au marteau. La violence des coups et les blessures infligées à la victime offrent un spectacle insoutenable. La mise en scène utilisée pour reconstituer ce spectacle dans son détail le plus cruel a fait appel à toutes les ressources d'une sorte d'anti-art. Avec une minutie extrême, la laideur a été plaquée sur la souffrance. La signification du procès est contenue dans cette juxtaposition de la souffrance et de la laideur. Elle semble dire à ceux qui s'en approchent : Vous auriez quelques raisons de vous montrer méchants et d'exercer une vengeance à l'encontre de celui qui a commis de telles atrocités, nous vous demandons seulement d'être justes, c'est-à-dire de vous montrer sévères. Les précautions prises par l'accusé pour dérober le corps aux regards, l'état de décomposition dans lequel celui-ci s'est trouvé au moment où il a été découvert, la présence de multiples contusions dont l'autopsie a révélé qu'elles étaient intervenues après la mort, tout cela forme un faisceau de circonstances qui n'ont heureusement pas aggravé les douleurs de la victime et sont sans rapport avec la volonté de tuer. Cependant, elles vont être exploitées à fond contre le meurtrier et lui seront comptées à charge dans le choix de la peine. Auparavant, elles auront été assemblées pour former son portrait. Les refuges naturels qu'il aura trouvés contre l'effroi que lui inspire le meurtre, ces refuges dont la signification est pour ainsi dire donnée d'avance, lui seront jetés au visage comme autant de signes de perversité et de cruauté.

Avant tout, le procès criminel est l'occasion d'une exposition qui rassemble des objets généralement cachés ou difficilement accessibles. Au même endroit, dans le même trait de temps, on va montrer des corps nus, des plaies béantes, des armes qui ont servi ainsi que leurs munitions. C'est là un spectacle extrêmement impudique qui serait très recherché s'il était permis et possible ailleurs. Au surplus, il y aura, dans le même programme, des incursions répétées dans l'intimité de la vie privée de quelques individus auxquels on aura préalablement retiré le droit de la protéger. Au plus haut niveau de légalité, c'est toute une exhibition de choses normalement interdites, défendues, qui est soigneusement organisée pour le petit nombre qui a le privilège, dû à la fonction ou au hasard, de juger. Les juges, qu'ils soient de profession ou de circonstance, comprennent très vite que la faveur dont ils bénéficient exige une contrepartie. Ou, plus exactement, la permission octroyée de voir ce qui n'est pas visible d'habitude leur fait obligation de la mériter. Ou, plus précisément encore, chacun sait bien que le spectacle auquel il assiste a une finalité spéciale, en dehors du spectacle lui-même. C'est comme un échange, qui doit se faire entre le droit d'assister et l'obligation de juger. La nécessité psychologique d'un tel transfert est, pour ainsi dire, évidente. L'accusé est le deuxième terme de l'échange dont le spectacle est le premier terme. Le lien entre les objets exposés et lui est comme préétabli. On peut même dire qu'il va de soi. Si l'on se demandait de manière rigoureuse en quoi il est personnellement responsable de ce qui est publiquement étalé, cela se ramènerait à peu de chose, mais la question paraît presque inconvenante. Pourtant, l'assemblage lui-même, ce qui crée l'impression d'ensemble la plus forte, n'est absolument pas son œuvre. Deux mécanismes, l'un naturel, l'autre artificiel, sont venus se combiner. Il y a des processus biologiques de décomposition et puis il y a une mise en scène qui contient et qui exprime beaucoup de choses. Oui, il arrive que la pitoyable dépouille soit découverte longtemps après la mort. Des changements se sont faits. Dans ces chairs désertées, abîmées, amollies, les ressemblances ont disparu. Le lourd effacement d'un être qu'on n'a pas connu et qui a souffert, c'est tout un travail. Une peine. L'écart se creuse et le criminel, qui voit passer cela, n'est pas moins à côté que nous. Tout à l'heure la mise en scène du procès sera là pour le ramener vers cet évier de formes vivantes dont la dispersion n'est pas son œuvre.

A quelle nécessité l'exposition publique de tant d'intimité obéit-elle? Sans doute se trouverait-elle partiellement justifiée s'il y avait la moindre chance qu'elle aide à cerner la faute. Même infime, une telle chance n'existe pas. La vue de ces transformations naturelles, qu'on avait imaginées et même devinées, n'apprend rien sur le geste qui a tué. Mais ce n'est pas assez qu'on les expose, on s'assure qu'elles sont convenablement présentées. Après l'autopsie, un album a été confectionné pour montrer ce qui reste après le passage du médecin légiste. Le corps recousu, le crâne parfois décalotté, chevilles serrées, bras le long du corps, est allongé nu sur la couche métallique où la chirurgie s'est faite.

Parfois, on se dit qu'il a été attaché comme pour un supplice.

Les plaies ont été nettoyées, la peau est délavée, les cheveux sont humides, il y a des coagulations de sang. C'est un spectacle qui arrache aux plus avides un réflexe de pudeur. Et pourtant, plus rien ne protège l'intimité de ce corps, soumis à l'invasion des regards. De quel prix faudra-t-il payer la permission de voir ce qui est partout caché? On vient de pénétrer, poussé par la loi, dans le domaine réservé du médecin. Même les familles, d'habitude, sont tenues à l'écart. D'ordinaire, le droit de voir récompense un savoir. Rien de tel ici.

Le tableau morticole ne peut même pas compléter la connaissance des faits. Les traces du travail fait par le légiste, découpage et collage, ne serviront directement à rien. Que va-t-on faire de l'impitoyable dévoilement? D'abord, sans même qu'on vous y invite, on se composera un air d'impassibilité, on se fera une tête d'arbitre. On sentira qu'il ne faut laisser paraître ni intérêt excessif ni feinte indifférence. Il faudra voir et ne rien manifester. Interdites dans le commerce où elles se vendraient très cher, les photos passeront de main en main sans libérer aucune émotion visible. Il ne sied ni de critiquer, ni de sourire, ni de siffler, ni d'applaudir. Mais après? Après? On aura vu les photos. On aura partagé ce secret et ce plaisir. Avant le procès, on avait une pensée abstraite. On pouvait avoir lu l'histoire, entendu le récit, on restait forcément en lisière, tenu à l'écart. Avec les vues de l'autopsie, c'est une initiation qui se fait. On entre dans le petit cercle de ceux qui ont le droit de voir des choses interdites, on peut se régaler du spectacle et, en même temps (chose vraiment merveilleuse du point de vue des défenses morales), on éprouve une répugnance qu'on se fait un devoir de surmonter. C'est là une mise en condition qui va avoir au moins deux catégories d'effets. Évidemment, si chacun pouvait s'avouer qu'il est personnellement intéressé (attiré et gêné en même temps) par ce qu'il voit, l'effet d'aggravation de la faute ne se produirait pas. Il ne serait pas nécessaire de faire porter à l'assassin le poids spécifique de l'émotion provoquée par les images, on ne chercherait pas à lui faire rendre la monnaie du trouble qu'on a ressenti et on ne songerait même pas, comme on fait systématiquement, à lui en tenir rigueur. Il y a autre chose. La permission de voir est un apprentissage de la discipline. C'est l'un des principaux buts du rite judiciaire de s'assurer la soumission morale du juge, et il atteint son maximum d'efficacité dans la scène de l'exposition des blessures. Naturellement, le juge a pu avoir dans sa vie quantité d'occasions, supportables ou très pénibles, de voir les mêmes choses, mais il n'y a pas d'autre circonstance où il soit encouragé à voir ce qui est interdit et à s'attarder sur ce spectacle. Il doit justifier la confiance faite et mériter le privilège auquel on lui a donné accès. Il doit se montrer obéissant. Sans même qu'on ait à se représenter la tension qui règne dans une salle d'audience, on comprend que l'invitation à participer à « l'œuvre de justice » crée une situation totalement artificielle dont on a hâte de se dégager. Tout le pathos sur la grandeur et la noblesse du rôle qu'on va remplir ne fait que renforcer l'impression d'étrangeté, d'irréalité même tandis que les images, elles, ont une trace directe et atteignent l'intimité sans détour. Aucun discours ne peut réussir à exprimer cela. Les photographies y parviennent d'un coup. On devine pourquoi on est là, à faire ce drôle de métier, celui de juge. Ça n'est pas forcément une chose agréable de se plier aux contraintes du cérémonial, de promener autour de soi une expression glacée, de contrefaire sa démarche et de s'enfermer dans un comportement rigide. Pour adopter cet ensemble d'attitudes, qui sont celles qu'on attend du juge, il faut des raisons puissantes, personnelles, intimes. En le faisant pénétrer d'emblée dans un domaine jalousement réservé, dans une sorte d'enfer des sens, l'image met le juge en position d'accepter comme justifiés les artifices qui vont, à ses propres yeux, rendre sa mission supportable. Pour obtenir de sa part des réactions de conformisme intellectuel et moral, il aura suffi de laisser une grande liberté à son imagination, de lui découvrir des terres inconnues et de lui donner à profusion ces matières sensibles dont les lois, les usages et l'éducation l'ont privé.

Peut-on encore parler du bon sens? En tout cas, nous accueillons aisément cette pensée que la violence physique est une violence qu'on n'a pas pu maîtriser. Elle est tellement en nous comme un appel auquel nous avons appris à dire non que nous savons la reconnaître et la désigner comme un échec de la volonté. L'accès brutal, l'échappée sauvage durent très peu de temps. Plus ils sont intenses et destructeurs et moins ils sont sous le contrôle de la volonté, moins ils expriment d'intention. Toute la série de leurs conséquences irréversibles prend appui sur une très petite parcelle de réflexion et de liberté, c'est cette petite parcelle de réflexion et de liberté qui est censée être la cible du jugement criminel. Comme elle n'a rien de matériel ni rien de visible et qu'elle a tendance à se cacher, elle est naturellement difficile à cerner. On doit se contenter de moyens indirects, de la repérer à travers ses projections et de l'identifier dans ses traces. Rechercher, dans chaque affaire, la part exacte de ce qui a été délibérément conçu, projeté et réalisé est une façon normale de juger les crimes. C'est la méthode qui est définie par la loi pénale dont le but est de punir le plus sévèrement les actes les plus volontaires. On considère que c'est beaucoup plus grave de tuer quand on s'y est soigneusement préparé, après s'être procuré les armes et en exécutant à la lettre le plan qu'on a mis au point. C'est la préméditation qui fait qu'on est accusé d'assassinat et non plus seulement de meurtre. C'est ce que dit la loi, mais ça n'est pas la façon dont les gens sont jugés. Quand on a décidé de tuer quelqu'un pour une raison déterminée et d'une certaine manière et qu'on passe froidement à l'acte et qu'on fait les choses exactement comme on avait prévu de les faire en se conformant au plan qu'on avait minutieusement préparé, on peut dire que ce qu'on a fait exprime une ferme intention criminelle. On est exactement dans le cas où le juge qui voudrait remplir la mission que lui donne la loi devrait se montrer le plus dur. Si le crime était jugé de cette manière, si l'on recherchait l'intention criminelle à travers ses manifestations concrètes, là où elle apparaît de manière indiscutable, et si l'on choisissait la peine en tenant compte de ce qu'on aurait trouvé, c'est-à-dire du degré de détermination du criminel, le travail judiciaire ne serait pas nécessairement mauvais. En tout cas, il y aurait une certaine équivalence entre la matière dont le crime est fait et la responsabilité de celui qui est condamné. Mais ça n'est pas du tout comme cela que les choses se passent.

La partie de l'affaire à travers laquelle s'exprime la

volonté du criminel, c'est-à-dire la partie dont il était exclusivement le maître parce qu'il était capable de la contrôler, n'aura qu'une influence réduite sur la gravité des faits. Ce qui va être déterminant, c'est toute une activité criminelle extérieure, activité intense à laquelle nous sommes nombreux à participer, activité qui est indépendante de ce qui a été voulu par le meurtrier.

Sans doute la qualité de la victime vient-elle se placer au premier rang de ces éléments extérieurs, mais nulle compassion ne pénètre la pensée qui évalue le poids de la victime. D'où venait alors cette clameur qui exigeait que la peine capitale fût au moins conservée pour les assassins de vieillards et d'enfants? Assurément, elle ne se portait pas au secours du plus fragile et du plus vulnérable car elle pétitionnait d'un même élan le cas inexpiable où c'est un policier qu'on avait tué. L'enfant et le vieux n'ont jamais été qu'une entrée en matière. En veut-on plus de preuves? La circonstance aggravante qu'on croit intrinsèquement liée à l'âge tombe d'un coup si le meurtrier connaît un peu sa victime pour être son père ou son fils. Elle ne tombe pas dans le code, mais elle tombe dans le jugement. Il suffit en effet que l'enfant ou le vieux soit maltraité ou même détruit dans le sein de la famille pour que la réprobation et même la sanction perdent une grande part de leur vigueur. Plus que le souci de préserver ce qui est faible et sans défense, c'est une furieuse capacité de haine qu'éveille en nous l'idée du tueur qui s'en prend, pour de l'argent ou, pis, sans raison, à ce que nous avons de « plus cher au monde ». Tout se passe comme si nous étions avides de distinguer un acte parmi tous les actes possibles dont la gravité ne puisse être atténuée d'aucune manière afin que cet acte nous mette à notre tour en position de tuer ou d'exiger qu'on tue pour nous venger. La vanité de croire que cette excitation vengeresse est liée à la faiblesse de la victime fait long feu quand on voit comment nous nous comportons à l'égard de ces victimes que rien ne protège ou de celles qui sont spécialement armées pour nous défendre. Souvent, le sort des premières nous laisse indifférents tandis que celui des secondes ne nous intéresse que dans la mesure où il concerne notre propre sécurité. Quoi qu'on dise, nous tolérons très bien les sévices infligés aux enfants. Nous ne sortons de notre passivité que pour condamner sans appel ces mères trop seules et trop faibles qui ont abusé du lien d'amour où nous les avons confinées pour supprimer la vie dans cette part d'elles-mêmes, leur enfant. Alors, nous avons des retours d'impitoyable dureté. Quant aux attentats contre la vie des policiers, ils ne nous émeuvent – c'est l'évidence – que dans la stricte mesure où ils apparaissent comme une menace dirigée contre nous.

2

INNOCENTES, LES VICTIMES?

Rien de généreux dans le motif de nos verdicts, mais tout au contraire de bien singulières déterminations. De deux meurtres commis dans les mêmes circonstances, notre bienveillance se portera vers celui des criminels qui, connaissant sa victime, est capable de nous communiquer toutes les bonnes raisons qu'il avait de s'en débarrasser. Qu'il réussisse à nous convaincre qu'elle lui avait fait un peu du mal que nous redoutons dans nos propres vies et nous le tiendrons quitte de sa volonté de tuer alors qu'il vient de nous administrer la preuve qu'elle l'a guidé d'un bout à l'autre. A l'égard de l'autre, de celui qui sera muet sur les raisons de son geste, nous serons bien plus sévères. Il était bien incapable de s'en expliquer. Peut-être même qu'il ignorait l'identité de sa victime. Il n'a pas su nous faire partager son ressentiment. Il nous paraît d'autant plus inquiétant qu'à la vérité il n'en éprouvait pas. Ce qui distingue les deux meurtriers, c'est que la détermination du premier était beaucoup plus formée et beaucoup plus précise et qu'elle visait un être qu'il avait vu vibrer, qui était proche de lui et pour lequel il avait éprouvé des sentiments. Sûrement il avait souffert, reçu des coups et subi des injures, mais nous acceptons de refaire avec lui le chemin où il a mûri sa décision. Même, nous lui demandons de nous en raconter les étapes pour nous mettre mieux en condition d'approuver le geste qui a tué. A l'occasion du récit, le meurtrier va subir une épreuve à laquelle il est, certes, préparé mais qu'il est bien moins capable de surmonter que son juge. Il doit raconter et faire comprendre la genèse d'un acte dont il ne parviendra jamais, il le sait, à saisir toute la portée. A mesure qu'il avance sur la voie où on le guide par les questions qu'on lui pose, à mesure qu'il explique les motifs qui l'ont conduit à tuer, il s'aperçoit qu'il n'avait pas voulu tuer à ce point. Or, ce dont le juge a besoin, c'est précisément que le meurtrier ait voulu tuer à ce point. Il est pris entre la nécessité de faire participer, ce qui implique une volonté de tuer qui est pour ainsi dire exigée de lui, et l'impossibilité de retrouver dans ce qu'il a réellement fait toute la détermination meurtrière qu'on attend de lui. Même dans les procès de légitime défense, les accusés sont en dessous du rôle qu'on leur demande de jouer.

Certes, ils ne se cachent pas d'avoir voulu ce qu'ils ont fait, ils affichent cette intention comme la clé de leur défense, mais cette chose si simple (incroyable de facilité) – tuer quelqu'un –, ils ne parviennent pas tout à fait à la rattacher à ce grand combat auquel on les associe, la protection de la propriété contre le vol. L'attente du juge, sa véritable demande, l'accusé le comprend mal, c'est la permission d'être complice. Ça n'est pas une façon de parler. C'est vraiment la recherche d'une complicité morale active, qui a envie de s'extérioriser, si la tentative en aboutit, dans un encouragement public.

Si le juge trouve dans la personnalité et dans le comportement de la victime assez de raisons qui justifient le fait criminel, il voudra pousser le meurtrier jusqu'au point où celui-ci reconnaîtra qu'il a voulu la mort de la victime pour les raisons admises par le juge. De cette façon, après l'aveu, après le récit, après l'exposé des détails du crime, même si les raisons du meurtrier ne sont pas admises, il est clair qu'elles auraient pu l'être puisqu'on aura publiquement défini les conditions pour qu'elles le soient. Le plus souvent d'ailleurs, les raisons du meurtrier ne sont pas admises et la tentative du juge de se rendre complice du crime échoue ou n'aboutit que partiellement, mais l'échec n'a rien à voir avec ce qu'a fait le meurtrier, c'est l'échec du juge qui n'a pas pu tirer du comportement de la victime et de l'ensemble des circonstances qui ont entouré le meurtre le fait qui aurait pu justifier le crime.

Si au contraire le fait justificatif est reconnu par le juge (soit que l'accusé ait été en état de légitime défense, soit qu'il ait reçu de la part de l'autorité légale l'ordre de tuer), la présence de l'intention criminelle est considérée comme normale. Elle n'est pas en soi une cause de réprobation ni de condamnation. En soi, l'intention de tuer n'est jamais considérée comme coupable, elle ne le sera que s'il a été jugé qu'elle s'est réalisée sans nécessité. Si la qualité ou les actes de la victime ont rendu le meurtre nécessaire, l'intention de tuer n'est pas seulement jugée normale, elle est supposée et même requise.

Les meurtres commis par les policiers dans leurs fonctions font éminemment partie de cette catégorie de crimes qui mobilisent d'un coup des énergies et des volontés multiples. La question de savoir si le policier qui a tué a voulu ou non ce résultat n'intéresse généralement pas, ce qui importe en revanche c'est de savoir si la victime méritait ou non d'être tuée. Si le procès réussit à prouver que tel était le cas, l'intention homicide pourra se déployer publiquement, paisiblement et en toute impunité. Pourtant, et bien que le procès s'ouvre devant lui dans les conditions les plus favorables, ce que redoutent par-dessus tout le policier et son administration, c'est l'inculpation elle-même. On peut s'en étonner dans la mesure où l'inculpation n'est nullement synonyme de déclaration de culpabilité. Mais si l'inculpation fait peur à ce point, c'est que la légitimité du meurtre se trouve – du fait de cette inculpation – un instant mise en doute. Dans la majorité des cas, la légitimité de l'homicide n'est pas du tout contestée. Lorsque les policiers ouvrent le feu sur des hommes armés en train de faire un hold-up, ils sont assurés qu'on ne leur demandera pas de rendre des comptes. Ils savent bien que s'ils tuent, ils le feront dans l'impunité car ils auront exécuté les volontés de ceux qui les ont armés. Sachant cela, il peut arriver qu'ils tuent de sang-froid, dans un mépris total de la vie de ceux qu'ils sont chargés d'arrêter. Il peut arriver par conséquent qu'ils mettent dans leur action une véritable passion meurtrière, en tous points comparable à celle qui est censée être la proie du procès criminel. Pourtant, vécue par eux, cette passion ne pèsera d'aucun poids dans l'appréciation d'une responsabilité qui ne sera même pas mise en cause. Aussi les policiers ne peuvent-ils même pas supporter l'idée que la justice leur demande des explications sur la manière dont ils se sont servis de leurs armes. Ils ne veulent à aucun prix être tenus pour seuls responsables d'un acte qu'ils ont conscience de n'avoir pas commis seuls. Ils estiment qu'ils méritent qu'on leur fasse confiance et qu'on les croie quand ils disent qu'ils ont tiré parce qu'ils étaient dans l'absolue nécessité de tirer. Ils revendiquent cette confiance au nom des risques qu'ils prennent lorsqu'ils ont affaire à des gens armés. D'une certaine manière ils ont raison car ils ont vécu la scène du meurtre, ce qui signifie qu'ils n'ont pas pu se la représenter. Même s'ils ont pris plaisir à viser et à atteindre leur cible, ils ont eu peur pour leur propre vie et la scène n'a pas eu, pour eux qui en ont été les acteurs, la perfection dramatique que nous imaginons. En même temps, ils ont tort de craindre le procès public car il ne sera jamais le leur mais uniquement celui de la victime.

La question dite des « bavures » policières mérite qu'on s'y arrête un instant. C'est une chose curieuse de voir, à intervalles, s'affronter les deux clans de ceux qui veulent à tout prix « couvrir » les « bavures » et de ceux qui s'emploient à les mettre en lumière. Ce qui est curieux, c'est que les uns et les autres gaspillent énormément d'énergie pour obtenir un résultat qui ne fait aucun doute. Les très rares poursuites judiciaires qui ont été engagées contre les policiers en raison d'actes commis dans leurs fonctions (violences ou usage inconsidéré des armes) n'ont pas entraîné de sanctions sévères et ne pouvaient d'ailleurs pas en amener. Si une information est ouverte, elle ne vise pas l'homicide volontaire mais les coups ayant entraîné la mort sans intention de la donner comme si le seul fait d'avoir le droit de se servir de son arme rendait impossible qu'on s'en serve avec l'idée et l'intention de tuer. Même si les faits démontrent que l'intention était là, on ne poursuit pas pour meurtre. Toujours, c'est-à-dire dans les cas exceptionnels où une condamnation intervient, des peines de principe sont prononcées.

S'il en est ainsi, cela ne tient pas seulement, comme sont fondés à le penser les victimes des violences policières et leurs partisans, à un fait de collusion entre les magistrats et les policiers mais à une donnée plus générale. Le procès contre les policiers est, en réalité, le procès contre la victime. Au-delà, il est pour le juge la plus belle et la plus facile occasion d'approuver solennellement le meurtre. L'occasion est facile puisque la question de l'intention homicide n'est pas posée. On ne se demandera pas si le meurtrier a voulu tuer ou non, mais seulement si le meurtre était ou non justifié. L'occasion est belle aussi parce que tout se joue entre deux hypothèses seulement : la victime a-t-elle mérité sa mort ou bien cette mort n'est-elle qu'accidentelle? Si ça n'est pas un meurtre justifié, ce sera nécessairement un accident. Le procès contre le policier est en effet celui de la victime. Toute l'enquête va être menée avec la préoccupation de montrer que la victime a eu un comportement qui justifiait une intervention rapide ou même brutale. Si elle n'était pas en train de préparer un mauvais coup, elle pouvait être recherchée pour une affaire ancienne ou, au moins, avoir des relations avec des gens qui, eux, étaient recherchés pour une sale histoire. On va fouiller dans le passé de tous ceux qui ont pu avoir une influence sur sa vie. Si on ne trouve rien, on cherchera à faire dire aux témoins qu'ils ont vu un geste menaçant, entendu un mot plus fort que l'autre, ou bien encore que le conducteur qui conduisait l'automobile criblée de balles par la police s'apprêtait à filer malgré les sommations.

S'il arrive que les investigations conduites dans cette

direction ne donnent pas les résultats escomptés, il faudra se réfugier dans l'hypothèse de l'accident, malentendu ou erreur de tir. A aucun moment la personnalité du policier ne fera son apparition. Cette personnalité est indifférente, elle ne compte pas. Dans tout cela, la justice ne se prononce pas en fonction d'une préférence pour la personne du policier au détriment de la personne du non-policier, elle traite l'affaire en suivant sa pente. On pourrait d'ailleurs imaginer que ce schéma bascule dans le cas où, par exemple, un policier aurait tiré à bout portant sur un fort honnête citoyen qui aurait répondu sans aucune équivoque et très courtoisement à toutes les questions suscitées par un contrôle d'identité. La thèse de la légitime défense aurait du mal à prospérer et celle de l'accident de tir serait peu vraisemblable. On ne pourra pas traiter une telle affaire comme une bavure policière car le comportement exemplaire de la victime ne laissera aucune place à la justification du meurtre. Nécessairement, on dira que ce policier n'était pas digne de l'être. La personnalité de l'homme fera, pour la première fois, son apparition. C'était un individu violent ou buveur, ou les deux à la fois. On savait depuis longtemps qu'il était capable du pire et on se demande pourquoi ses chefs n'ont pas réagi plus tôt. Le reproche adressé au policier indigne ne portera pas du tout sur l'intention de tuer. C'est parce que la victime, dans cette hypothèse, est protégée par les mérites généraux d'un citoyen abstrait qu'il faut faire venir sur la scène l'individualité concrète du policier. C'est parce que sa victime est exemplaire qu'elle se retourne contre lui, mais c'est surtout parce qu'elle est abstraite. Dans la relation violente qui les oppose, le jeu appartiendra à celui qui fera le moins apparaître ses déterminations personnelles. Chacun devra s'efforcer de révéler chez l'autre la consistance de son être concret. Pour le rendre vulnérable, il faut mettre sa personne au centre de la cible, c'est-à-dire la détacher de la fonction et la mettre en plein dans la vie. A cette place-là, elle n'est plus protégée contre l'appétit de tuer, le plus souvent considéré comme normal quand il n'est pas revendiqué comme légitime. Plus on se rapproche des défauts et des faiblesses de l'existence quotidienne, plus la justification du meurtre a de prises. La critique ne concerne pas du tout le contenu de l'acte criminel lui-même, mais les conditions pratiques d'existence de ces deux personnes dont les vies se sont heurtées. Ce qui condamne le policier qui s'est ouvertement comporté comme un tueur, ce n'est pas le fait qu'il ait tué telle personne physique mais plutôt qu'il ait porté atteinte à un rôle abstrait, ce n'est pas le meurtre qui le disqualifie mais son inconduite. On comprend bien l'amertume de celui qui, lâché par ses supérieurs, sait que l'acte aujourd'hui réprouvé est plutôt d'une nature moins grave que celui qui, en d'autres temps, lui a valu des encouragements.

Ces constatations rejoignent l'analyse précédente. Le meurtre en lui-même n'entraîne ni réprobation ni condamnation.

Il faut d'autres conditions. Ces conditions sont, pour l'essentiel, extérieures au meurtrier et indépendantes de lui. C'est pourquoi, le plus souvent, il ne les comprend pas et ne peut les accepter. Elles ne sont d'ailleurs pas plus compréhensibles ni plus acceptables par la victime puisque celle-ci, à l'inverse de ce qu'elle attend, est d'autant moins protégée qu'elle est plus connue, plus concrète. Aussi longtemps qu'elle réussit à demeurer proche de l'idée de victime, de cette forme abstraite à laquelle nous adressons notre sympathie théorique, elle barre la route à l'entreprise de légitimation du crime, mais s'il advient qu'elle soit connue non plus comme femme en général, comme vieillard en général ou comme enfant en général, mais comme prostituée, comme vieille bête lubrique ou comme adolescent pervers, c'est-à-dire telle qu'elle est en réalité, alors le cours du procès est brusquement changé. L'attitude des porte-parole de la victime ne s'explique pas autrement. De toutes les sottises qui se disent au cours d'un procès, celles qui sont affirmées au nom de la victime sont les plus nombreuses et les plus grossières. Ses représentants se croient en effet obligés, pour la raison qui vient d'être montrée, de dénaturer ses actes et sa personnalité pour la faire coïncider avec la figure idéale. Ils n'ont aucun souci de la décrire telle qu'elle a été, mais uniquement d'en embellir la mémoire et d'en polir les traits. La victime était honnête, travailleuse et sobre. Elle n'avait que des vertus, et les plus simples du monde. Les faits ne comptent plus, les réalités les plus évidentes s'estompent pour faire la place à un chromo. Si un tel comportement est systématique, c'est qu'il est destiné à prévenir le risque de voir le procès se retourner contre la victime. Un tel risque existe bien sûr, il existe même a priori, dès l'origine, dans la mesure où le juge a le grand désir (il ne le montre pas d'emblée, au contraire il le cache) de trouver dans les faits et dans les gestes de celle-ci la justification du crime.

Après l'émotion qui a chauffé les sens, la première question qui vient à l'esprit devant le malheur causé par la volonté humaine est de savoir si une telle souffrance est *méritée*. Ce n'est pas tout à fait un réflexe, mais c'est moins qu'une réflexion. N'y a-t-il pas eu, de la part de celui qui souffre, une provocation? La question est tellement présente dans l'esprit de chacun que plus personne n'ose la formuler. Pourtant, il suffit de lire le récit de n'importe quel fait divers pour voir que le narrateur prend toujours la précaution de nous dire si la victime a, ou non, quelque chose à se reprocher. Il pourra oublier cent détails importants pour la compréhension des faits, il n'omettra jamais de souligner que la victime est *innocente* s'il estime qu'il n'y a rien eu d'équivoque dans son comportement. On ne le dit jamais, mais c'est un fait que l'innocence de la victime n'est pas plus présumée que celle de l'accusé.

Tout est un peu comme si l'acte illicite éclairait de son faisceau l'ensemble des protagonistes. L'intérêt suscité est tel qu'on n'entend pas laisser à un seul, fût-il l'auteur principal et le seul coupable, l'avantage du sinistre festin. C'est le propre de l'infraction d'exercer sur chacun un attrait puissant, mais c'est plutôt un beau morceau qu'on s'arrache. Il y a là comme une matière, une chose dense, un peu élastique, qu'on cherche à étendre, dont on voudrait s'envelopper. L'accusé et la victime, selon des points de vue très proches finalement, le découvrent avec stupéfaction. On attend d'eux qu'ils *donnent* un sens à cette matière, qu'ils dirigent la chose inerte vers les appétits de chacun. Tous deux vont subir le même interrogatoire. On dirait que le cours du procès hésite de l'un à l'autre. Le vaincu sera celui qui se mettra le plus à découvert, qui laissera voir sa personne et montrera ses vrais besoins. L'enquête est si avide d'ordonner le spectacle dévoilé par le crime qu'elle est prête à fondre sur le premier venu, s'il porte ses entrailles dans ses mains. Car le sens recherché a besoin d'un support physique. C'est un appel qui vient du fond de chacun et qui guette son propre écho. Aussi la victime, témoin privilégié, n'est-elle jamais à l'abri du soupçon. Comme témoin, mais surtout comme acteur. S'il arrive qu'elle suscite un sentiment d'authentique compassion, ce ne peut être qu'après coup. Dans le premier contact du fait sur notre imagination on voudrait qu'elle eût bien mérité sa souffrance. C'est pourquoi il est si important qu'on nous montre un être concret, de chair et de sang. Nous nous croyons en effet très capables de lire dans les circonstances de sa vie les raisons qui lui ont valu ce malheur. Les affaires de légitime défense ainsi que celles où la police abat des malfaiteurs réunissent les conditions idéales pour faire basculer le procès contre la victime. Comme petit cambrioleur ou bien comme dangereux gangster, elle ne valait pas le prix des balles qui l'ont tuée. Quoi! Ils osent réclamer la protection de la loi, eux qui l'ont naguère foulée aux pieds! Mais la violence qu'ils ont subie est cent fois justifiée! Qu'on y regarde d'un peu près. D'où nous vient la satisfaction qui nous fait applaudir aux verdicts d'acquittement? Non pas de la proportionnalité, jamais établie, entre la tentative d'infraction et la riposte des braves gens mais de cette libération de force que seuls quelques juristes isolés s'égosillent à condamner.

Enfin, la victime est à sa place, celle des vaincus. Partout, c'est la même règle qui s'applique. Le crime est une force, et on l'admire. Que le policier ou le justicier, qui ont été son instrument, soient largement dépassés par elle et même abasourdis par les réactions qu'ils ont déclenchées ne retire rien à la joie des spectateurs.

Tout pareil est l'accueil que reçoivent les affaires de

viol et de rapt. La question de la complicité est immédiatement posée. Et pas parce que l'affaire concerne des gens imprévisibles, une femme, un homme puissant ou un enfant de riche. Comme un liquide dans l'ordre physique, le crime a besoin d'occuper tout le volume disponible. Mais il y a des raisons plus puissantes encore. Si la femme a provoqué son viol, si la famille de l'otage est de mèche avec les ravisseurs, le crime augmente en perfection. La force qui le sous-tend s'apprécie davantage. Et autre chose aussi. Cette violence consentie, contrôlée, cet abîme qu'on côtoie, c'est ce qu'on attendait, un surcroît de plaisir. Là est l'un des buts du procès. Rendre la victime complice, mais plus encore justifier le crime et se l'approprier.

Dans ce système, l'accusé ordinaire est perdu. Son désarroi sera à son comble avec la question du *mobile*. Les gens de justice distinguent l'intention et le mobile. Ils disent qu'il faut rechercher l'intention et qu'il n'y a pas à se préoccuper du mobile. « L'a-t-il voulu? », c'est la question de l'intention. « Pourquoi l'a-t-il voulu? », c'est la question du mobile. Contrairement à ce que dit la théorie officielle, la question du mobile est une préoccupation permanente. Dès le début, avec les premiers éléments de l'enquête : chacun se demande à qui profite le crime tant il est évident que le crime est profitable. Quand les soupçons se portent sur quelqu'un dont le mobile n'apparaît pas, c'est aussitôt une énigme, l'énigme du mobile. L'esprit n'a pas de repos s'il ignore la cause morale qui a mobilisé l'intention criminelle. La cause morale? Façon de parler. On passe au crible tous les petits secrets, mais on sait à l'avance ce qu'on veut trouver. Curieux, certes, mais dans d'étroites limites. Le mobile, c'est l'intérêt, et le plus bas possible. Le mieux, c'est l'argent. S'il est clair que le crime pouvait rapporter de l'argent à une certaine personne, tout est arrangé. D'abord, c'est vrai, le mobile sert de preuve. Le coupable est celui qui espérait le profit. Le rôle du mobile va bien au-delà. Il facilite le retour à l'ordre. Avec l'argent, on tient les bonnes doses. Selon qu'on en a convoité très peu, un peu ou beaucoup, c'est un crime misérable, crapuleux ou ingénieux. En tout cas, c'est un acte normal. Tuer pour de l'argent, ce n'est pas bien, n'est-ce pas, mais c'est normal. Pour tout le monde. La présence de l'argent fait aussitôt cesser le trouble causé par l'infraction tandis que la quantité d'argent en jeu inspire le mépris s'il y en a un peu et le respect s'il y en a beaucoup. Si l'argent est très apprécié comme mobile, ce n'est pas seulement parce qu'on le tient pour une bonne preuve, c'est surtout parce qu'il fixe très facilement la valeur du crime. Tuer pour de l'argent, c'est normal mais ce n'est pas très malin car il y a des moyens plus efficaces de se procurer plus d'argent. Le meurtre crapuleux est donc accepté du point de vue de l'acte, mais la personnalité de son auteur est rejetée, à cause de sa crétinité et non pas de son immoralité. L'affaire se complique au moment où il faut comparer le mobile et l'intention. Le mobile fait évidemment présumer l'intention, c'est même là l'une des nécessités du mobile. On a voulu tuer puisqu'on avait une raison de tuer. C'est l'évidence. Est-ce si sûr? C'est ce que désire le juge. Il veut que l'intention obéisse au mobile et se ramène à lui. L'accusé, lui, ne conteste pas qu'il avait besoin d'argent, en revanche il affirme qu'il n'avait aucune envie de tuer. Sa seule intention était d'obtenir de l'argent. Si sa victime lui avait donné cet argent, l'aurait-il tuée? L'argent désiré ne prend pas plus de valeur avec la mort de sa victime. Il en perd infiniment au contraire. Il se peut que la mort de la victime ait été envisagée (cela n'est pas certain mais cela est possible), mais comme moyen et non pas comme résultat. Le plus souvent, en fait, l'acte homicide n'était ni prévu ni voulu. Il a procédé d'une réaction irrationnelle déclenchée par une situation inattendue. L'action a été engagée sur ce postulat que la vie vaut plus que l'argent. Postulat dont la rationalité n'est jamais remise en cause. La résistance de la victime ne pouvait pas être tout à fait écartée bien qu'elle fût tout à fait improbable et d'autant plus improbable que la menace contre sa vie était crédible, sérieuse. Le risque d'une résistance pouvait même être ramené à quelque chose de théorique si l'action était conduite de telle manière que toute velléité de résistance paraissait vouée à l'échec. Mieux l'action était organisée, moins le recours à la violence était nécessaire, moins il était prévisible. Le recours à la violence est, ici, le fait d'une action improvisée, mal conçue et mal conduite. C'est le fait de l'inexpérience. Elle ne s'inscrit pas dans le plan mis en œuvre, elle résulte plutôt de l'échec de ce plan et de la peur qui accompagne cet échec. Si elle a été acceptée, c'est comme le plus petit risque possible, pas plus important que le risque de se faire renverser par une voiture en traversant la rue. Elle fait irruption comme une simple maladresse. Loin de la volonté, très loin de l'intention. Pourtant, ce n'est pas ainsi que les faits seront jugés. On va balayer l'argument, d'un revers de la main. On tient le mobile, ça suffit. Dans la réalité, la violence est apparue comme un accident malheureux. Dans l'esprit du juge, c'est exactement le contraire. Le désir d'argent vaut désir de mort. Le passage de l'un à l'autre se fait sans aucun effort, sans même qu'il y ait à se pencher sur la personnalité du criminel. C'est en effet une chose très utile pour le juge, et pour tous ceux qui attendent son verdict, que cette occasion de stigmatiser la valeur de l'argent, de mettre, mine de rien, l'argent et la vie au même étiage. Dans l'action comme dans l'intention du criminel, la richesse recherchée et la vie de son détenteur étaient des notions séparées, distinctes. Le juge va les rapprocher, les confondre. Il impose une autre norme, une norme qui n'est ni rationnelle ni morale mais qui est très attendue. En déduisant sans hésiter l'intention du mobile, il affirmera en effet ceci :

1) les biens légalement possédés méritent d'être protégés au risque de la vie;

2) il est permis, et même recommandé, de s'opposer violemment à la tentative d'appropriation de son bien;

3) le voleur est toujours en puissance de tuer.

Derrière cet ensemble d'affirmations, c'est une conception cruelle de la vie qui a, enfin, la chance de s'exprimer. C'est aussi plus que cela. C'est un dialogue forcé qui s'instaure entre le juge et l'accusé. « Que voulais-tu? demande le juge. – L'argent, répond l'accusé. – Ainsi, tu as pris le risque de tuer pour avoir l'argent. – Non, dit l'accusé, je ne pensais pas que ma victime mettrait sa vie en péril pour protéger l'argent. – Tu as eu tort, réplique le juge, et tu sais bien que tu as eu tort puisque l'argent vaut la vie. » La condamnation passe par l'affirmation de cette hiérarchie-là et si la condamnation est sévère, c'est moins parce que l'accusé a tué que parce qu'il a mis en danger une telle hiérarchie.

L'intention de tuer compte beaucoup moins que le

mobile et si le mobile compte tellement, c'est à cause de la signification qu'il prend par rapport à l'ordre véritable des valeurs. C'est si vrai que le juge se montre beaucoup plus indulgent à l'égard du meurtrier dont le mobile ne touche pas à cet ordre. Tel est le cas dans les affaires passionnelles. L'accusé doit prouver qu'il était animé d'une intention de tuer pure de toute autre détermination. De son côté, l'accusation baissera les bras si elle n'est pas arrivée à mettre en lumière, derrière la façade sentimentale, une motivation crapuleuse. Si l'accusé réussit à démontrer qu'il n'a agi que sous le coup d'une souffrance morale, jalousie ou autre type d'humiliation, il est sauvé. Et cela malgré la fermeté de son intention homicide. De toute façon, le juge proclame son attachement à la violence. La vengeance n'est pas loin. Illusion de croire que la vengeance est interdite par la justice, que la justice remplace le désir de vengeance par une appréciation objective et sereine des faits. En réalité, ce n'est que la vengeance individuelle qui est proscrite. La vengeance collective a le champ libre. Aussi, le procès n'est pas du tout destiné à apaiser les passions mais à faire triompher une certaine forme de violence. Celle dont l'opinion est prête à partager les motifs et les plaisirs. Les plaisirs ? Assurément. C'est un plaisir de se venger. Qui le conteste ? Et comment définir la vengeance autrement que comme une violence légitime ? Que l'exercice privé en soit prohibé, ou plus exactement réglementé, ne veut pas dire que la vengeance est bannie. Sous sa forme judiciaire, elle est plus apte à durer et à résister que le ressentiment individuel qui perçoit très vite les limites et la vanité de son désir. Portée au niveau de l'institution, elle perd sans doute une partie de sa spontanéité mais elle gagne en force.

Elle est en pleine action dans le procès et quand elle cède le pas, c'est devant une force plus grande et non pas sous la pression bienveillante de la vérité et de la justice. Elle s'incline en particulier devant l'intention criminelle quand celle-ci s'appuie sur le poids des souffrances subies ou sur la force de la loi. Avec leurs titres bourgeois, le crime passionnel et la légitime défense sont les bienvenus et acquièrent droit de cité. D'où cela leur vient-il? Sûrement pas de leurs mérites : où seraient-ils? Plutôt de l'occasion offerte de se réconcilier avec la brute. On la voit venir, celle-là. Et de loin. Que d'apprêts pour l'accueillir! Mais nourrie avant d'arriver dans l'arène. Et de force s'il le faut. Qu'elle n'aille pas divaguer au moins et quitter sa trajectoire! On la connaît d'avance, sa finalité. Il ferait beau voir qu'on nous la dissimule. Voyez-les donc, ces accusés tremblants, butant sur chaque mot, répondant à côté des questions précises! Est-ce qu'ils s'imaginent qu'ils vont réussir à nous cacher la sauvagerie qui est en eux? Accident, ce coup de feu? Échappés au contrôle de l'esprit, ces coups de poignard? Et cette volonté de prendre, cette détermination de s'approprier sans effort ce qui appartient à autrui, hasard, cas fortuit? C'est tout un au contraire, du vol au meurtre, le même trait, le même homme, révélé par son mobile, extrait comme une balle, enfin conforme à ce qu'on attendait de lui. Mais que l'intention s'affirme, s'offre tout de suite aux regards, résolue certes mais pudique aussi, violente autant qu'elle le voudra mais conventionnelle en même temps, alors on va à son secours pour la guider d'une main ferme au bout de ce chemin qu'elle a entrepris pour nous satisfaire et que le juge est là pour approuver. Le pire pour l'accusé, c'est quand la force est muette. Le silence. On ne sait rien. Des faits. Pas de sens. Coup après coup. Toujours plus durs. Aucun lien avec les victimes. La violence pour la violence. Rien à en dire. Pas de mobile. Rien que le spectacle. On cherche dans les ruines, mais l'intention reste invisible. Tout a été passé au peigne fin, en pure perte. Pas une trace. Pas un signe. On est abandonné. Pourquoi ce sentiment? Le désordre, les destructions et les absences ne seront pas moins réels ni cruels quand on saura pourquoi ils ont été voulus. Les explications de l'assassin n'ajouteront ni ne retrancheront rien au désastre. Tant pis. Il nous faut une raison. Pourquoi? C'est à la fois insupportable et tout simple, tellement l'un et tellement l'autre que chacun est obligé de faire des efforts terribles pour ne pas le voir. Les cataclysmes naturels ne nous intéressent que par leurs résultats et très peu par leurs causes. C'est le contraire avec les crimes, qui nous intéressent d'un bout à l'autre car ils nous mettent sous les yeux ce que nous avons en nous. Cela, nous le savions, par un pressentiment. Maintenant, c'est prouvé. La raison qui a voulu le meurtre fait rentrer le mal dans la famille. Il est à nous. Après, on peut montrer du dégoût et faire des mines, mais c'est servi, on partage l'essentiel et on peut juger.

3

L'HORREUR EN FACE

Seulement, il arrive que l'accusé ne veuille pas du marché. Il revient de bien plus loin et il n'a strictement rien à dire. Pas de justifications. Pas d'explications. Pas de désespoir. Pas de contentement. Rien. Si c'était sa bien-aimée ou ses enfants, on saurait pourquoi, mais non. Il a tiré dans le tas. Pour rien.

C'est le tour des médecins des fous. Ils ne savent pas. Aucun savoir, aucune certitude. Ils y vont comme à la chasse. Plus c'est spectaculaire, plus ils sont méfiants. Encore un qui va essayer de se faire passer pour fou. Comme si ça allait changer quelque chose pour le meurtrier, d'être fou ou de ne pas l'être! Pour le médecin des fous, pour sa mission, c'est important. Il se sentirait floué s'il disait d'un qui n'est pas fou qu'il est fou. Floué, c'est le mot. Volé même. A lui aussi, on lui prendrait sa part du butin. Ce que le crime ramène avec lui. Ce qu'il y a de bon à prendre dans le crime. Au début, il a dû faire comme tout le monde, se poser vraiment la question : est-ce qu'il est fou ou pas? Mais très vite, la question s'est transformée. Elle est devenue : est-ce qu'il va réussir à me faire croire qu'il est fou ou pas? Au fait, quel est le but du médecin, avec son nom singulier de psychiatre ? On sait de quoi il se mêle, mais quel est son but ? Pour ce qui est de sa mission proprement dite, déterminer si l'individu (homme ou femme) qu'il examine (peut-on sérieusement parler d'examen ?) en prison était fou au moment des faits, il la sait impossible et il n'y croit pas. Pourtant, il continue de faire le travail car il a un rôle à jouer, très important. C'est un rôle auquel il n'est pas spécialement préparé, mais il s'y est très bien adapté. Cela commence par une démission. L'expert s'est résigné à ne pas faire son métier de psychiatre. Il sait très bien qu'il n'y a pas de critère objectif pour distinguer l'état de démence des autres états pathologiques. Le mieux qu'il puisse faire de son art est d'essayer de soigner ceux qui souffrent et qui ont besoin de lui. Dépossédé de sa vocation thérapeutique, incapable par ailleurs de caractériser la folie, l'expert s'est laissé entraîner sur un tout autre terrain. La dérive s'est faite à partir de l'idée que le criminel qui présente des signes de déséquilibre pouvait être un simulateur, un comédien. Cette idée, entièrement fausse mais très commode, repose sur un raisonnement simpliste. Puisque la loi arrête les poursuites contre les fous, les criminels ont intérêt à se faire passer pour fous. En réalité, les criminels n'ont aucun intérêt à se faire passer pour fous car il vaut mieux être en prison pour une durée déterminée que dans une maison de force (c'est le nom donné aux établissements psychiatriques qui accueillent les fous jugés dangereux) pour une durée indéterminée. Il n'empêche que l'idée que l'on pourrait se servir du psychiatre pour échapper à la sanction est restée. Elle s'est même étoffée avec la pensée que le délinquant allait exploiter systématiquement la crédulité du psychiatre pour attirer sur lui la bienveillance du juge. A cause de son incompétence, le psychiatre s'est imaginé qu'il était crédule. Se voyant crédule, il s'est persuadé qu'il allait être manipulé. De là une attitude de méfiance qui a fait de lui un censeur moral au service de l'accusation. Chaque criminel est un comédien qu'il doit débusquer. Non seulement le psychiatre ne fera pas son travail de psychiatre mais il va aborder tous les individus soumis à son examen avec un a priori critique qui n'a rien à voir avec la médecine.

Concrètement, il se passe exactement ceci : le médecin ne veut pas que l'accusé soit jugé anormal, mais il subit une autre contrainte qui tient au fait que l'infraction est considérée en général comme une déviation. C'est une considération qui va beaucoup gêner le psychiatre parce qu'elle risque de le conduire à traiter le fait criminel, et son auteur par conséquent, comme autant d'anomalies. Pour ne pas aller dans cette voie, pour laisser sa responsabilité au criminel, pour le normaliser, il est amené à normaliser le crime. On va voir alors comment son rôle s'est modifié. Au départ, il a accepté d'examiner la personne du criminel dans une perspective médicale, comme s'il était chargé de le soigner. Mais justement, il n'est pas chargé de donner des soins. Et puis, peu à peu, il s'est rendu compte qu'une telle approche mettait toujours en évidence un ensemble d'événements de la vie et de traits de caractère qui allaient diminuer la responsabilité. Alors, il s'est détourné de la personnalité du délinquant pour se jeter à corps perdu dans les faits, avec deux préoccupations presque contradictoires : celle de s'imbiber de la matière criminelle et celle de ne pas traiter cette matière criminelle comme une déviance. Les résultats sont là, dans des rapports d'expertise qui sont des insultes à la conception la moins exigeante de la dignité humaine. C'est qu'on s'efforce de tout ramener à des préoccupations strictement utilitaires de telle sorte que l'intention puisse être facilement discernée et comme enfermée dans la norme. Avant de conclure, avant même de discuter les traits de la personnalité, le psychiatre se livre à ce qu'il appelle un résumé des faits. C'est peu de dire qu'il les expose avec complaisance (alors que les faits à proprement parler ne le regardent pas), il se vautre en eux, et s'il en vient ensuite à examiner les raisons données par l'accusé de se confier à lui, c'est pour les tourner en dérision.

Pour barrer la route à la pathologie, le psychiatre assène des vérités morales de première grandeur (des formules du genre : « La paresse est la mère de tous les vices » ne lui font pas peur). Il est bien trop rusé pour croire un mot de ce qu'il dit mais il est pris dans une nécessité intellectuelle qui lui a fait perdre toute liberté de jugement. On lui demande en effet d'expliquer sans justifier. Il est donc obligé de simplifier et de condamner moralement car s'il ne simplifie pas, il comprend, et s'il comprend, il excuse, et s'il excuse, c'est qu'il s'est fait rouler par le comédien. Pour éviter cela, il institue entre les faits et leur auteur une causalité morale fondée sur le mépris et sur le sarcasme.

La narration des faits est très détaillée mais celle de la base morale des actions revient toujours au même : paresse, cupidité et méchanceté. Lui-même n'attache pas beaucoup d'importance à ces sornettes, dont le mérite est de le dispenser d'une analyse plus fine qui l'obligerait à céder sur l'essentiel. D'un côté le crime conserve sa redoutable perfection et de l'autre l'accusé est enfermé dans deux ou trois sentiments simples assez forts pour l'avoir mis en mouvement et trop faibles cependant pour l'excuser.

Si ce processus conduit le psychiatre à renoncer à toute velléité d'appliquer sa médecine, le résultat le plus important est de toujours replacer les faits sur le devant de la scène. Avec leur cause bien visible, bien lisible. Et, à côté, l'accusé tout petit, fuyant, silencieux, mais c'est sans importance désormais. Le lien existe. Le psychiatre l'a dit. On vole pour s'enrichir, on tue par méchanceté : « L'accusé nous dit, raconte l'expert, qu'il ne sait pas pourquoi il a agi, mais on remarque qu'il n'a pas oublié de refermer la porte derrière lui. » Normalement, le psychiatre ne devrait pas se mêler des faits. En toute rigueur, il n'en a même pas le droit car les faits – c'est la loi qui le dit – appartiennent au juge, en exclusivité, mais l'expert ne peut pas résister à la tentation. D'abord parce qu'il a besoin de l'exposé des faits pour dépouiller la personnalité de son originalité, de sa force et de sa folie. Il faut se rendre à cette petite vérité. L'expertise psychiatrique n'est pas du tout destinée à mieux faire connaître la personnalité de l'accusé, mais à la contourner, à l'envelopper et, finalement, à l'effacer. Contrairement à l'idée qu'on peut s'en faire a priori, le travail de l'expert ne va pas consister à examiner la personnalité pour aider le juge à mieux comprendre les faits, mais à projeter les faits sur la personnalité pour mieux s'en débarrasser et lui tourner le dos. L'exposé des faits est destiné à extraire un schéma logique, banal et simple dont on affublera ensuite la personnalité. La démarche de l'expert est tout le contraire d'une démarche libre. Il est lui-même affolé par trois types de considérations inconciliables.

Première considération : le crime est une anomalie.

Deuxième considération : si le crime est une anomalie, le criminel est fou.

Troisième considération : le criminel n'a pas le droit d'être fou.

Pour sortir de l'impasse, il faut dire que le crime n'est pas une anomalie. L'expert pourrait s'en sortir autrement, en acceptant l'état de démence chez le criminel, mais il irait à l'encontre de ce qui est attendu de lui et surtout il n'en a pas envie. Le psychiatre n'a aucune envie, à la fin, de considérer que le crime est une anomalie. Bien au contraire. La nécessité où il est de faire rentrer la personnalité dans la norme correspond à son désir personnel de traiter le crime comme une chose normale. Si l'expert redoute tellement de se faire rouler par le criminel qui, croit-il (ou fait-il semblant de croire), cherche à se faire passer pour fou, c'est surtout parce qu'il a peur de perdre la saveur des faits, ce qui ne manquerait pas de se produire s'il les traitait comme une anomalie. L'intérêt social et l'intérêt personnel du médecin se rejoignent ici. Pour empêcher le criminel de s'évader dans la folie, il faut traiter les faits comme autant d'actes normaux. C'est également l'unique moyen de jouir pleinement du spectacle qu'ils donnent.

Dans toutes les affaires criminelles, l'intervention du psychiatre est obligatoire. L'accusé inexpérimenté ou trop naïf attend cette intervention avec impatience. Ne va-t-il pas enfin rencontrer un interlocuteur qui va chercher à le comprendre ou, même davantage, l'aider à se comprendre ? Cette illusion risque de l'entraîner sur la voie des confidences. Pour la grande satisfaction de l'expert. C'est en lisant le rapport d'expertise qu'il prendra conscience de l'étendue de son erreur et qu'il portera tout le poids de sa déception. Il s'aperçoit alors qu'il a été peu écouté, mais le peu qui a été entendu et retenu s'est retourné systématiquement contre lui. Les détails intimes de vie n'ont pas été replacés dans le contexte où ils ont été exprimés pour rendre perceptibles une émotion, une pensée ou une épreuve, non, ils ont été utilisés pour épicer le récit des faits, le corser, lui redonner du goût.

Comme il intervient au tout début de l'affaire, à un moment où, par définition, les faits ne sont pas établis, le psychiatre joue un rôle très important, non pas du tout comme psychiatre mais comme auxiliaire de l'accusation. Il n'hésite pas à se prononcer sur la culpabilité et sur les degrés de responsabilité, et comme il s'ingénie à ramener les faits dans un ordre rationnel, à les repêcher en quelque sorte, il en vient à rédiger une espèce de petit réquisitoire avec portrait moral de l'accusé. Mais avant d'arriver à ce portrait moral, il livre, dans certaines affaires, un combat. C'est lorsque ce combat a lieu que toute la signification de sa véritable mission apparaît.

Dans certains cas, en effet, le seuil de tolérance ordinaire est dépassé. La violence a atteint un degré insupportable. Est-ce la violence elle-même ou le récit de la violence porté à son paroxysme ? L'expert, en tout cas, n'était pas plus présent que le juge au moment des faits. Il a le récit et il a les images et il porte en lui un sentiment tout à la fois pénible et délicieux : il a été délégué pour dire si ce spectacle horrible était dans l'homme ou hors de l'homme. Plus le spectacle est horrible et plus le sentiment est pénible et plus il est délicieux et plus la tâche de l'expert lui semble importante. Est-ce qu'il y a un homme, resté homme, capable de faire des choses aussi abominables ? C'est à lui que la question est posée. C'est lui qui va décider si cet homme-là est capable de cela et, plus généralement, si l'homme est capable de cela. Il trotte vers l'accusé, avec ce sentiment très pénible et très délicieux. Il est conscient de la grandeur de sa mission, conscient qu'il ne doit rien laisser perdre de l'horreur dont il a reçu délégation de conserver l'intensité et de transmettre le sens. Il sait bien qu'il porte le précieux fardeau de cette horreur et que celui-ci se trouverait allégé de façon inadmissible si l'accusé était jugé fou. Pour que cette horreur reçoive tout l'écho auquel elle a droit, il faut absolument que son auteur soit sain d'esprit. Il n'y a que la déclaration de santé mentale qui pourra conserver toute l'horreur et même l'amplifier. La plaie ouverte par le crime n'est pas d'une nature différente de celles que nous causent les blessures ordinaires de la vie, mais elle est justement plus ouverte. Elle est publique, visible, exposée. Elle n'a pas seulement offensé une victime concrète, mais aussi tous ceux qui ont désiré l'avoir sous les yeux. Tremblants, ils sont avides que ses traces se prolongent, que son écho se répercute dans nos ténèbres. Dépêché pour servir à cela, le médecin est comme électrisé, porteur d'un courant. Si par malheur l'accusé était fou, son œil aveugle, sa surface lisse, ce courant-là ne passerait plus. Il deviendrait inutilisable. C'est avec ces pensées que le médecin va en prison. Et il va rencontrer un homme détenu. Privé de sa liberté, certes, mais surtout, du point de vue de l'expert, difficile d'accès. Car l'accusé se pose des questions. Qu'est-ce que c'est que ce médecin qui ne soigne pas, qui prétend s'intéresser aux douleurs mais surtout pas pour les soulager ? Il est envoyé par le juge, il pose des questions, il connaît le dossier, autant de raisons de se méfier. Mais la prison est dure et plus dure encore au début. Après les trop longues heures de la garde à vue, on y est seul, mal informé, on ignore les intentions du juge, on voit peu son avocat. Après tout, cet homme n'est pas un policier, ni un procureur, il est médecin. Pourquoi ne pas se confier à lui ? C'est sur ce raisonnement que compte le psychiatre. Il sait bien aussi que le détenu hésite et qu'il se méfie. Dans le meilleur des cas, il y a une résistance. Et cette résistance, il faut qu'elle soit surmontée. Comment s'y prendre ? Par la douceur, la gentillesse et, naturellement, la compréhension. C'est un vrai tête-à-tête. Bien sûr, il n'a lieu que dans les affaires jugées graves. Dans les autres, le psychiatre se contente de voir le dossier et de consacrer une visite de routine aux questions ordinaires sur l'histoire individuelle et familiale. Mais là, c'est un autre enjeu. L'expert est tout vibrant de l'émotion collective déclenchée par l'affaire. Et, devant lui, il y a cet homme qu'il faut amener à se confier, dont il faut faire tomber les défenses. Il est aidé par la première impression qu'il éprouve. Elle est saisissante. C'est une impression de contentement. La fierté d'être là seul à seul, dans la contemplation du mal, avec la charge d'en dire, à ce sujet, le plus long possible. On se laisse porter par le sentiment d'être livré à soi-même. On pourrait avoir peur et on n'a pas peur. On pourrait avoir un préjugé et on n'a pas de préjugé. En fait, on est bien. Avec toute cette peau devant soi, et le corps dessous, qui bouge, avec la vie dedans. Ce salaud, il me regarde. L'expert sourit, de son propre contentement. Le détenu, lui, croit que ce sourire est tendu vers lui, qu'il lui est destiné. Il ne lui en faut pas plus pour se mettre à parler. D'autre chose naturellement, puisque l'expert s'intéresse à tout. Où vont ses goûts ? Quels sont ses plaisirs? Et des amis, en a-t-il? Et des femmes? Les enfants? Très important, les enfants. Mais oui, il les adore. Qu'on lui promette seulement qu'on lui laissera voir son fils. L'expert sourit de plus en plus à mesure que l'autre se rapproche de lui. On va pouvoir revenir aux faits. Ça irait encore plus vite s'il n'y avait pas toute cette matière devant soi, cet homme qui s'est mis à se raconter et qu'on écoute, qui a un passé et, aussi, des projets. Ah! qu'on est bien, tous les deux, enfermés, celui qui va sortir tout à l'heure et celui qui va rester. C'est assez. Les faits sont là, têtus à force d'avoir été décrits, décortiqués, répétés aux quatre coins. De nouveau la question : pourquoi a-t-il fait cela? Il ne sait pas. Vraiment? Non, il ne sait pas. S'il y avait une raison, il la dirait. Il comprend le malheur de ceux qui restent. Il aimerait bien le leur dire s'il le pouvait mais il ne sait vraiment pas pourquoi il a agi de cette façon. A l'instant, l'expert parlait avec un homme comme lui. On se comprenait, on se souriait, on s'exprimait à demi-mot, tout à la joie de se retrouver pareils, intacts derrière le rideau de fureur, et maintenant il est en face d'un morceau, pièce d'un puzzle qu'il faut caser. Le tête-à-tête devient casse-tête. Ça ne colle pas. L'homme en face de soi ne correspond pas au morceau dont on a besoin. C'est le moment de se ressaisir. On n'est tout de même pas venu prendre un bain d'humanité! Si seulement cette présence, cette attention de l'autre en face de soi pouvaient s'effacer ou même se relâcher, ne serait-ce qu'un court moment, assez pour retrouver les mots simples : c'est un tueur puisqu'il a tué. Heureusement, l'entretien prend fin. La chair s'éloigne. Les mots reviennent. Qu'a-t-il dit au juste? Qu'a-t-il exprimé? Rien que de très banal. Il voulait être aimé, il voulait aimer, il voulait être heureux. En somme, il voulait tout et ça n'a pas marché. Et maintenant il veut faire croire qu'il ne sait pas pourquoi il a tué, lui qui voulait aimer, voulait être aimé et voulait être heureux! Le travail de l'expert est presque fini. Il ne s'est pas donné tout ce mal pour rien. Il ne revient pas bredouille. Son enquête le lui a montré. Cet homme est capable de volonté. Mieux même, il est capable de velléité. Mieux encore, il ne supporte pas les contrariétés. C'est à se demander s'il peut admettre qu'il faille faire un effort pour obtenir les choses qu'on veut. C'est cela, il veut tout et tout de suite et il ne supporte pas qu'on se mette en travers de cette volonté. Il dit qu'il ne sait pas pourquoi il a tué? Mais c'est tout simple, c'est uniquement parce qu'il ne veut pas reconnaître qu'il a éliminé le premier obstacle qui se trouvait devant lui, lui qui est incapable d'un effort soutenu. Et d'ailleurs, au cours de l'entretien, a-t-il exprimé un sentiment généreux, s'est-il intéressé à autre chose qu'à lui-même? S'il s'est préoccupé des familles des victimes, n'était-ce pas dans un but utilitaire? « Incapable de ressentir du remords, pourra écrire l'expert, c'est un individu déterminé, froid et lucide. »

On peut imaginer les sentiments de l'accusé quand il lira le rapport et se représenter la bonne opinion qu'il aura de l'expertise psychiatrique, mais le médecin – qui est d'ailleurs un médecin dévoyé – n'avait pas réellement le choix. La pression exercée sur lui était trop forte. S'il n'avait pas simplifié à l'extrême le portrait moral de l'accusé, c'est la validité de son propre jugement qui aurait été mise en cause. Le crime était apparu d'emblée d'une gravité telle que toute finesse dans l'analyse de la personnalité eût été tenue pour de la complaisance. Tout à l'heure, pendant l'entretien, l'expert a senti que le détenu risquait de lui faire lâcher prise. La conversation avait été bien plus riche, chaude, colorée qu'il ne l'avouerait jamais. Il n'avait en fait aperçu aucune continuité entre cette personnalité qui était sous sa main et le crime raconté dans le dossier. Tout cela, il le savait mais, après tout, il avait fait son métier. Ne lui avait-on pas demandé si l'homme était fou ? Avait-il menti en disant qu'il ne l'était pas ? Il avait compris quel était le sens de son mutisme et à quel point il était étranger au crime qu'on lui reprochait mais puisqu'il en était l'auteur, devait-il, lui l'expert, se satisfaire de son silence ? Le premier, il avait en quelque sorte touché le criminel et il en avait été bouleversé mais il avait été chauffé à blanc par le récit du crime, c'est pourquoi il avait dû faire coïncider de force le portrait de l'homme qui s'était confié à lui avec l'idée qu'il faut se faire de l'individu capable d'un tel forfait. A cause du bruit fait autour de l'affaire, à cause aussi de ce qui avait été montré et écrit un peu partout, à cause enfin du malheur qui était venu de façon si absurde, le crime avait tout de suite occupé les hauteurs. Et ce qui en découlait n'était pas uniquement négatif, surtout pour l'expert qui avait à se féliciter qu'on l'eût préféré aux autres pour dire ce qu'il y avait à penser de l'état mental de l'accusé. Son avis allait avoir une grande importance, cela ne pouvait que lui faire plaisir et même lui inspirer une sorte de reconnaissance à l'égard du juge qui l'avait choisi pour faire ce travail. Ce sentiment n'allait pas uniquement vers le juge, de manière plus confuse et sans doute plus hésitante, il s'adressait aussi à l'affaire elle-même, dont l'existence lui valait ce surcroît d'importance. Ça n'était pas formulé, c'était à peine éprouvé, comme une petite brise. En tout cas, il avait la plus grande considération pour les faits eux-mêmes. Le nombre des victimes, l'idée qu'on pouvait se faire des souffrances qu'elles avaient endurées, cela lui avait causé un certain trouble mais ce qui l'avait surtout intéressé et même remué quand il avait découvert l'affaire, à travers la presse et les rapports de police, c'était ce que le geste meurtrier pouvait révéler du point de vue moral, tout ce que cela traduisait d'indifférence à autrui, de force brutale, de détermination froide. Il avait fallu que ces caractères fussent réunis à un très haut degré. Comment le savait-il puisqu'il ne savait rien à proprement parler de la personnalité de l'accusé? Il n'avait eu aucun mal à le deviner. Lui était un spécialiste mais ce n'était pas du tout nécessaire d'être un spécialiste pour arriver à la même conclusion. Il suffisait d'avoir un tout petit peu de sensibilité pour se convaincre que le meurtrier en était totalement dépourvu. Ainsi, il était pleinement conscient de la gravité des faits et il voyait tout aussi clairement le fil qui reliait entre elles les violences si horribles et celui qui les avait causées. L'horreur elle-même l'aidait à y voir clair. Elle lui avait inspiré un mouvement de recul qu'il avait réussi à surmonter. Il n'avait fait qu'un petit effort pour dominer sa répulsion mais cela lui permettait de se représenter le grand effort que le meurtrier avait dû accomplir, lui qui ne s'était pas contenté de voir puisque c'est lui qui avait *fait.*

Jusqu'à présent il n'avait pas cherché à analyser le sentiment de répulsion qu'il avait combattu. Il comprenait qu'il n'avait pas eu beaucoup de mal à le vaincre, et s'il avait un peu poussé sa réflexion, il n'aurait pas tardé à s'apercevoir qu'il avait éprouvé un sentiment plus complexe, mais il était tellement plus intéressé par la force qui avait déterminé le geste meurtrier qu'il s'en était tenu à la première apparence.

Pourtant, la certitude qu'il avait fallu une très grande détermination pour se livrer à de telles violences ne lui était pas venue de constatations objectives mais d'un sentiment plus intime. En fait il s'était dit que cela devait être ainsi. De la même manière il avait pensé que la vision de l'horreur était susceptible de l'éloigner de l'horreur alors qu'en réalité il n'avait eu aucun mal à s'en approcher, sans que les nécessités professionnelles y soient pour rien. Dans sa démarche personnelle, les nécessités professionnelles occupaient à peu près la place qu'il attribuait maintenant à la volonté de l'autre dans l'accomplissement du geste meurtrier. Il avait besoin de ces nécessités professionnelles pour se persuader qu'il avait dû faire un effort pour regarder l'horreur en face. L'intérêt qu'il portait au crime s'expliquait par des nécessités professionnelles de même que le crime s'expliquait par une grande force dans la volonté de le commettre. S'il émettait maintenant l'hypothèse que le crime avait pu se commettre sans une grande volonté criminelle, c'était exactement comme s'il admettait qu'il s'intéressait au crime sans aucune nécessité professionnelle. C'est pourquoi il était tellement attaché à l'idée que le crime était le résultat d'une volonté ferme et lucide. Cela le protégeait contre la pensée que le crime l'attirait à titre personnel, pour des raisons qui n'étaient pas professionnelles.

Entre le crime et lui son métier dressait un obstacle qui le rassurait, mais c'était un obstacle bien fragile, si fragile qu'il devait toujours s'employer à le renforcer. Il n'avait pas d'autre moyen d'y parvenir que de prêter au criminel un caractère d'une exceptionnelle dureté. Il y parvenait d'autant mieux qu'il avait su lui-même discerner dans les faits les signes de cette méchanceté, le détail qui démontrait l'absence de compassion, le geste dont la répétition prouvait la volonté lucide de nuire.

Au fond, s'il refusait a priori de considérer que le criminel était fou, ce n'était pas tant par crainte (réelle) de se faire rouler que pour rester en harmonie avec ses propres intuitions qui lui faisaient toujours apercevoir l'aspect cruel et impitoyable des choses. C'était un mécanisme qu'il maniait avec une grande aisance. Il le maîtrisait si bien qu'il n'aurait pas manqué de se poser des questions si les devoirs de sa charge ne l'en avaient heureusement dispensé. Par-delà la question qui lui était personnelle, celle de son attirance pour le crime, celle de son goût pour le détail qui atteste de sa vigueur, le refus de la démence était conforme à sa façon d'aborder les faits. Il ne pouvait pas à la fois trouver leur déroulement normal, horrible certes, mais plus logique qu'horrible, et accueillir de gaieté de cœur l'irrationnel chez l'accusé. Il n'était pas disposé à laisser le non-sens défigurer un événement que son intelligence lui avait rendu si aisément accessible.

Dans le combat qu'il mène contre l'accusé, l'expert ne se contente pas de servir le rôle social qu'il a accepté dans le processus criminel en adaptant une personnalité aux mesures du fait qu'on se prépare à juger, il joue une partie qui lui est propre, celle qui met aux prises sa vocation à déceler le désordre chez l'individu et son désir de maintenir l'ordre criminel dont il est l'une des pièces maîtresses.

L'accusé, qui ne comprend pas cela, s'étonne des conclusions de l'expertise psychiatrique. Elles sont d'autant plus négatives pour lui qu'il a refusé d'avancer une explication de son geste. Par son silence, il a laissé la place vide. Elle aura été vite comblée sans qu'on tienne compte de ce qu'il a pu vouloir. Là où il n'aura rien dit, on aura mis tout ce qu'on pouvait imaginer, c'est-à-dire le pire. Ainsi, la présentation de l'accusé devant le juge se fera dans les plus mauvaises conditions. La seconde règle du procès criminel apparaît : moins l'intention criminelle est prouvée, plus la répression est sévère.

La première règle était qu'en fait de violence physique, la sanction est d'autant plus dure que l'intention de faire violence est moins caractérisée. Le paradoxe n'est qu'apparent, la troisième règle éclairant les deux premières. La voici : le but du procès n'est pas de condamner le coupable mais d'approuver le crime.

4

LE JUGE EST LÀ POUR APPROUVER LE CRIME

Excès de langage ? Certainement pas. Qu'on s'interroge ! Quel est notre premier réflexe à la lecture d'un fait divers quelconque ? Nous nous demandons aussitôt si le crime est ou non excusable. C'est comme un seuil variable que chacun définit en lui-même. Il fixe la limite au-delà de laquelle la tolérance n'est plus permise : crime contre les enfants, les vieillards, crapuleux, gratuit, rarement passionnel. Chacun exprime son point de vue et, à travers son point de vue – pense-t-il –, la liberté de sa pensée tempérée par la fermeté de son caractère.

La tâche du juge est un peu plus complexe, mais elle n'est pas d'une nature différente. La décision judiciaire met fin à un processus : le processus criminel, qui s'intéresse beaucoup moins à la déclaration de culpabilité – c'est-à-dire à la recherche de la vérité – qu'à l'exploitation systématique du crime, à sa mise en valeur. Pour comprendre le procès, il faut se représenter un faisceau de lumière qui décrit un cercle dans l'ombre de la nuit. Venus de l'ombre, différents petits personnages déposent dans le cercle de lumière les matériaux les plus hétéroclites. C'est un amoncellement informe, comme le coffre à jouets d'un enfant. Après la phase d'accumulation, c'est le travail de la presse et de la police, vient la phase d'élimination, le procès proprement dit. Dans cette dernière phase, le travail consiste à séparer, à détacher le criminel du crime. Cette séparation se fait par des actes successifs d'approbation du crime et de rejet du criminel. Le criminel est peu à peu repoussé en dehors du cercle de lumière, tandis que le crime y demeure le plus longtemps possible. Après, la lumière s'éteint.

La phase judiciaire n'est pas destinée à sanctionner la faute en considération du juste et de l'injuste, mais plutôt à définir le type idéal du crime et à désigner comme coupable celui qui s'en est le plus écarté. Depuis les premiers pas de l'enquête jusqu'à la déclaration solennelle du verdict, c'est une même démarche qui s'efforce de faire l'inventaire des valeurs criminelles avant d'en distinguer les possesseurs de bonne foi et les usurpateurs. Dès les premiers instants, ceux de l'identification du coupable, la méthode se met en place. En fait, le suspect est celui qui avait raison d'agir mais qui n'en avait pas le droit.

Soit un vol. Un pauvre et un riche. Le pauvre est plus suspect que le riche. Si l'objet volé est trouvé chez le pauvre, l'esprit est satisfait. Il n'y a pas à se demander pourquoi le pauvre a commis le vol. Il a volé parce qu'il était pauvre. Le vol est entièrement expliqué. Du point de vue intellectuel, il est même excusé. C'est un acte tout à fait normal, raisonnable. Le pauvre avait ce besoin. Il s'est approprié quelque chose dont il avait besoin. Il avait raison, mais c'est un vol puisque la chose ne lui appartenait pas. Le fait est illégal, mais il est excusable. D'une certaine façon, on peut dire que la preuve et l'excuse se confondent. C'est parce que le pauvre avait ce besoin qu'il est normal de le considérer comme le voleur s'il y a une indication dans ce sens et c'est également parce qu'il avait ce besoin qu'il est excusable. D'ailleurs, il sera excusé dans la limite d'un petit besoin, s'il avait un petit besoin de pauvre et s'il s'est approprié une petite chose. Mais qu'il n'aille pas, lui, le pauvre, commettre un grand vol ou bien prétendre qu'il a agi sur un coup de tête, dans un petit accès de folie. En tant que pauvre, il est normal qu'il vole et il peut voler pour ses petites nécessités mais c'est à la condition qu'il reconnaisse avoir eu l'intention de voler et que cela ne dépasse pas ses petites nécessités.

Si c'est chez le riche que l'objet volé a été retrouvé, on s'interroge. On ne peut exclure sa culpabilité, mais c'est un acte qui n'a pas de raison d'être, qui est anormal, qui heurte l'esprit. La présence de l'objet volé chez le riche est un indice de culpabilité mais, comme il est riche, ce n'est pas une preuve. Le doute persiste. A moins qu'on ne connaisse au riche un trait de caractère qui le pousse à voler, non pas pour satisfaire un besoin mais pour assouvir une manie. S'il y a ce trait particulier de caractère chez le suspect riche, connu de ses proches, déjà expérimenté, alors la preuve du vol est faite mais ce n'est plus tout à fait le même vol. Plus ou moins excusable que le vol de nécessité? C'est affaire de tempérament ou de politique, mais plus excusable en tout cas chez le riche que chez le pauvre. Un pauvre kleptomane serait doublement redoutable. Là encore, c'est la preuve elle-même qui contient l'excuse. C'est parce que le riche a ce trait de caractère qu'il est sans doute coupable, mais c'est aussi parce qu'il a ce trait de caractère qu'il est excusable.

Le vol, comme toutes les infractions, est toujours excusable ou justifiable, mais le voleur, lui, comme tous les délinquants, ne l'est pas toujours. Le but de l'enquête est de prouver l'existence du vol, ce qui revient également à établir les conditions dans lesquelles il pourra être excusé. Quant au but du juge, il est d'exposer ces conditions, les conditions dans lesquelles le vol peut être excusé, et de prouver que le voleur ne remplit pas ces conditions.

Au moment de l'enquête, on accumule. Au moment du jugement, on élimine. D'abord, en effet, on accumule toutes les bonnes raisons que tel individu pouvait avoir de voler et si ces bonnes raisons n'apparaissent pas tout de suite, l'enquête n'en devient que plus intéressante parce que la méthode va s'enrichir d'un nouveau moyen de preuve et parce que l'acte va s'enrichir d'un nouveau moyen d'excuse.

Le mieux serait d'ailleurs que le vol ait été accompagné, précédé ou suivi d'une autre infraction, d'un meurtre par exemple. Dans ce cas, c'est un motif de satisfaction pour l'enquêteur comme pour le juge. Pour le premier, la preuve du vol suffit à prouver le meurtre puisqu'on ne fait aucune objection au fait de tuer pour dissimuler un vol. Le second y trouve aussi son compte. Le vol est facilement excusable, le meurtre l'est également, mais le vol suivi d'un meurtre l'est beaucoup moins. Les conditions d'approbation de l'infraction sont donc plus intéressantes à exposer et plus difficiles à réunir. Pour le juge, le procès y gagne.

Retour au vol. L'aveu, dans cette matière, est une preuve, mais c'est une preuve gênante, dont le juge se passerait fort bien. Pourquoi ? S'il y a un vol, un voleur possible et chez ce voleur possible un intérêt à voler, cela suffit à la fois pour condamner et pour excuser. Le juge, s'agissant du vol, n'a pas du tout besoin de l'aveu pour avoir la certitude de la culpabilité. Il voit trop en effet les raisons objectives de voler pour être dans l'attente d'un élément de preuve complémentaire. Au contraire, l'aveu pourrait s'exprimer sous la forme d'une revendication. Le voleur pourrait aussi bien, en avouant, réclamer le droit de voler, c'est-à-dire le droit du propriétaire. Dans cette hypothèse, le délinquant prétendrait se substituer au juge pour déterminer lui-même les conditions d'approbation du vol. Il apaiserait totalement l'inquiétude du juge sur le terrain de la preuve mais il lui causerait un terrible désagrément car il le déposséderait du principe même de son pouvoir. L'essentiel de ce pouvoir est en effet dans la faculté qu'il a de faire se rapprocher sans jamais se rejoindre les moyens de défense présentés par l'accusé avec les excuses admises par lui. Si le voleur devait revendiquer le vol comme un droit, il deviendrait malheureusement inexcusable puisque l'excuse proposée aboutirait à effacer purement et simplement le délit. Malheureusement ? Sans doute. Non pas que le juge ait spécialement envie d'excuser le délinquant, seulement il est dans la nécessité de pouvoir approuver le délit, faute de quoi sa faculté de juger disparaît. Il n'a donc aucun besoin de l'aveu en matière de vol comme dans toutes les affaires d'atteinte à un intérêt matériel protégé. L'absence d'aveu lui apporte au contraire la garantie que le délinquant reste un peu en dessous du délit, c'est-à-dire accepte d'être un peu moins excusable que le délit lui-même. Il demande à bénéficier de l'excuse, mais d'une excuse partielle. Il admet que l'excuse totale, dont les termes ont été implicitement exposés par le juge au cours de l'interrogatoire, ne s'appliquera pas à lui-même.

Si le juge n'aime pas que le délinquant songe à lui dicter une excuse totale, c'est parce qu'il n'entend pas se laisser imposer les conditions de cette approbation, car le délit ne peut être pleinement approuvé que si le délinquant se plie à la loi du juge et reconnaît sa supériorité.

Ainsi encore dans le vol. Si le voleur nie, le juge est dispensé de lui poser la question de savoir pourquoi il a volé tandis qu'il y serait tenu s'il avouait. Or cette question, le juge le sait, est le plus souvent dénuée de sens. Tant que le déliquant est en dessous de l'infraction qui lui est reprochée, la question de l'intérêt que pouvait présenter cette infraction est inepte. Concrètement : si le voleur avait besoin de voler, il est en dessous de l'infraction. Il avait un intérêt à voler, le juge n'a pas du tout envie de lui demander pourquoi il l'a fait, il n'attend pas l'aveu pour le condamner et il a les mains libres pour le juger. C'est, pour le juge, la formule idéale. Il conserve tout son empire, c'est-à-dire toute sa faculté d'excuser.

A l'inverse, pour le meurtre, le juge a besoin de l'aveu. Même s'il ne lui est pas nécessaire comme moyen de preuve, il le désire comme explication, les causes possibles du meurtre étant infiniment plus nombreuses que les causes possibles du vol. Par ailleurs, il n'a pas à craindre que le meurtrier, en avouant, cherche à se substituer à lui et revendique le droit de tuer. Le droit de tuer existe certes, mais il est rarement revendiqué, ce qui signifie qu'il reste dans la main du juge.

Quand il est revendiqué, dans les procès d'euthanasie par exemple, il l'est dans des conditions que le juge n'aime pas mais qui ne mettent cependant pas en question sa faculté d'excuser. Le juge n'aime guère le procès d'euthanasie car ce n'est pas un véritable droit de tuer qui est reconnu au coupable, mais plutôt celui d'abréger les souffrances d'autrui. Donc, le coupable se félicite d'avoir agi ainsi, mais il ne réclame pas un vrai droit de tuer. Le juge préférerait qu'il soit plus discret dans l'affirmation de son acte et moins équivoque quant à sa finalité. C'est pourquoi le procès de légitime défense, où c'est un véritable droit de tuer qui peut être décerné, est beaucoup plus agréable au juge qui se trouve en face d'un individu dont les ambitions sont limitées puisqu'il se contente d'exiger toutes les conséquences, mêmes les pires, de son droit de propriété. Pour les mêmes raisons qui font que le juge ne les aime pas, la presse et le public raffolent des procès d'euthanasie. L'accusé a tué et il ne s'en cache pas. C'est peut-être l'occasion donnée à la presse et au public de rivaliser avec le juge et de décerner à leur tour le droit de tuer, non sans exploiter l'exquise équivoque qui permet de se demander si l'on n'est pas en présence d'un meurtre par empoisonnement plutôt que d'une véritable euthanasie. On scrutera les attitudes du meurtrier, ses gestes, mais surtout ses expressions, attendant de lui qu'il manifeste une grande fermeté dans la réalisation de son dessein, accompagnée de discrétion dans le maintien.

Là encore, comme dans la plupart des cas de meurtre, l'aveu, si nécessaire à la formation de la preuve et de l'excuse, ne portera pas vraiment ombrage au juge si le prévenu sait rester en dessous du crime.

Parce qu'il a le pouvoir de juger, mais surtout parce qu'il a participé très activement au développement du processus criminel, le juge considère qu'il est seul à connaître et à détenir les conditions d'une excuse totale du crime. La façon dont il a pris connaissance de l'affaire comme la préparation des questions qu'il va poser à l'audience l'ont effectivement amené à assumer, plus ou moins consciemment, les valeurs du crime. Il a le grand désir de montrer que l'accusé s'est éloigné de ces valeurs, c'est-à-dire qu'il a commis le crime, mais un crime sans valeur. Plus l'écart sera grand entre la valeur reconnue au crime par le juge et la valeur reconnue au criminel à la fin du procès, plus la sanction sera sévère.

Si l'accusé devait soutenir qu'il n'y a pas d'écart entre la valeur admise par le juge et le contenu de son action, il s'exposerait à la condamnation la plus lourde. Dans ce cas en effet, le juge se sentirait totalement dépossédé de son droit et de sa faculté d'approbation du crime.

Qui n'a pas assisté à un interrogatoire judiciaire ne peut percevoir cela qu'imparfaitement. En revanche, tous ceux qui en ont l'expérience – même unique – ont été frappés de voir le juge guider les pas de l'accusé vers le crime et le conduire vers la réalisation de sa valeur avec d'autant plus de gentillesse et de compréhension que l'accusé se montre, par son attitude et par ses expressions, indigne de l'honneur qu'on lui fait, inférieur à la valeur du crime.

Les choses ne se passent guère autrement au moment de l'enquête de police, dans la période dite de la garde à vue. Le plus souvent, tout se fait en douceur. Les enquêteurs ont rarement besoin d'user de brutalité pour obtenir les aveux. Il y a à cela deux types de raisons, qu'on retrouvera tout au long du procès. D'abord, l'accusé se rend compte que la preuve et l'excuse vont se confondre, c'est-à-dire qu'il ne pourra pas fournir les explications qui l'excuseront totalement s'il n'apporte pas en même temps les preuves, toutes les preuves, de sa culpabilité. En second lieu, il est proprement stupéfait de constater que les policiers considèrent l'acte qu'on lui reproche avec une extrême bienveillance : comme il n'éprouve lui-même aucune satisfaction de ce qu'il a fait et comme il est habitué à traiter la police comme une force hostile qui le combat (d'ailleurs l'arrestation a pu se faire dans la violence), il s'attendait à ce qu'on le traite, sinon avec brutalité, du moins avec mépris. Et c'est tout le contraire qui se produit. A bien comprendre les questions qui lui sont posées, il semblerait même qu'il a eu tout à fait raison d'agir ainsi qu'on le lui reproche.

Bien sûr, cette manière d'interroger est aussi une méthode, mais une méthode qui coïncide tout à fait avec le sens et la portée du procès. L'acquittement et la relaxe restent quantitativement exceptionnels, mais chaque procès tend symboliquement vers l'acquittement, l'acquittement du coupable et non pas l'acquittement de l'innocent. C'est d'ailleurs ce qui explique qu'il y ait tant d'erreurs judiciaires, bien plus nombreuses qu'on ne le dit. Cela tient au fait que la figure criminelle – c'est-à-dire l'ensemble des concours qui ont pour objectif de faire apparaître, à l'occasion de chaque fait divers, la part de crime la plus grande possible – l'emporte sur toute autre considération. La préoccupation dominante, dans tout procès, est de faire coïncider l'espèce à juger avec la figure criminelle, si bien que, l'habitude aidant, les dénégations de l'accusé, très fréquentes en matière correctionnelle (où le juge – on l'a vu – n'attend ni ne désire l'aveu), sont considérées comme un inconvénient secondaire et pour tout dire insignifiant. La figure idéale du crime est donc une obsession permanente du procès qu'éprouvent tous ceux qui contribuent à son bon fonctionnement. Plus que tout autre, c'est le juge qui est chargé de la faire apparaître et de lui conserver sa forme, ses couleurs, sa vivacité.

Il s'agit d'une part d'exposer les faits de telle manière que ceux-ci seront aptes à contenir le plus de crime possible (en fait de profit, d'intelligence et de force) et d'autre part de démontrer que l'accusé n'a pas eu un comportement qui le rend digne d'être investi de toute la valeur contenue dans le crime, c'est-à-dire digne d'être acquitté. Imposer sa volonté par l'intelligence, puis par la force si cela est nécessaire, et retirer de cette entreprise le plus de profit, c'est le but que chacun poursuit dans la vie sociale. Le crime met tout cela en œuvre à un assez haut degré. Il faut donc le montrer et, en même temps, il faut montrer que le prévenu n'a pas su maîtriser l'ensemble de ces vertus sociales par excellence. L'interrogatoire judiciaire est conduit de façon qu'on puisse s'approcher de ce double objectif. Le magistrat qui préside et qui, par conséquent, interroge s'appuie sur un récit des faits qui n'est que la version donnée par le magistrat qui poursuit et qui, par conséquent, accuse. L'acte d'accusation est une simple opinion, celle du magistrat, sur la culpabilité et le degré de responsabilité du ou des prévenus. Il a toute la valeur, mais il n'a que la valeur d'une opinion. Malgré cela, il est utilisé à l'audience comme si tout ce qui y est exprimé avait été démontré. La seule chose qui soit réellement établie, c'est que le magistrat qui accuse raconte une histoire avec une continuité et une logique. Cette histoire lui permet d'introduire précisément les valeurs criminelles. La méthode et le schéma varient très peu. On commence par rappeler les constatations matérielles en insistant, mais sans trop s'y attarder, sur leur aspect le plus cru, voire même le plus répugnant. Puis ce sont les témoignages et, après seulement, la démonstration. Ainsi, on se garde bien de dire : voici la thèse que je vais exposer, l'accusé en a une autre, il lui appartiendra de la faire connaître. Non, on entre dans le dossier avec les quelques éléments objectifs qui ont pu être réunis et on passe insensiblement de ces éléments à la thèse afin qu'elle puisse se confondre avec eux et apparaître comme une déduction toute scientifique.

Les valeurs criminelles font leur apparition quand le moment est venu de reconstituer le déroulement des faits selon le schéma retenu par l'accusation. Pour remonter du fait à l'acte de celui qui est supposé l'avoir accompli, il faut une cause. Cette cause, on la trouve justement dans le stock des valeurs criminelles. Une action est logique si elle a été accomplie par intérêt, pour se procurer le plus de profit avec le moins d'efforts possible. Cette logique-là, qui est la logique criminelle, est évidemment la logique sociale. D'ordinaire chacun trouve d'ailleurs très bien d'obtenir le plus de résultats en faisant le moins d'efforts. Seulement, la logique de l'action doit s'imputer à un individu déterminé. Et ce qui doit s'imputer à cet individu déterminé, c'est par définition une action illégale.

L'individu poursuivi est l'auteur de l'action criminelle qui vient d'être décrite puisqu'il est égoïste, paresseux et méchant. L'action elle-même n'a que des aspects positifs, à l'exception de son illégalité, mais l'individu qui l'a commise n'a que des vertus négatives.

Encore l'illégalité n'est-elle que relative puisque toutes les infractions sont, par définition, justifiables.

Qu'est-ce que cela signifie ? Que ce qui sépare l'action criminelle d'une action hautement recommandable est une toute petite chose et que cette petite chose repose presque uniquement sur le caractère de l'accusé.

Reprenons. La logique de l'accusation ignore les motifs désintéressés ainsi que les motifs complexes. Pour enchaîner les uns aux autres des faits disparates, elle a besoin d'une motivation vite intelligible, c'est-à-dire simple, c'est-à-dire soumise à une rationalité marchande. Elle a besoin d'un système d'explications qui ait fait ailleurs la preuve de son efficacité.

L'existence de telle personne me gêne. Je peux changer ma situation de telle manière que cette personne ne puisse plus jouer aucun rôle néfaste. Je peux conserver la même situation et essayer de contourner l'obstacle représenté par cette personne. Je peux aussi l'éliminer. C'est cette dernière solution qui est la plus simple et la plus efficace.

La personne qui me gênait a disparu. Je suis suspect. Il se peut que je n'y sois pour rien. Il se peut aussi que je l'aie fait disparaître pour une raison qui n'a rien à voir avec la gêne qu'elle représentait dans ma vie. Cette autre raison est peut-être une raison matériellement désintéressée ou une raison complexe. Cette autre raison n'intéresse pas l'accusation. Ce qui intéresse l'accusation, c'est que le crime lui donne l'occasion de mettre en valeur l'action la meilleure, c'est-à-dire la plus simple et la plus efficace du point de vue de la rationalité sociale.

Si je suis accusé d'avoir accompli cette action et si je suis un homme respectable, je risque de faire sauter la fragile cloison qui distingue l'action criminelle de l'action socialement rationnelle. Il est donc nécessaire, si le juge veut sauver l'illégalité de l'action criminelle, que je sois un homme de rien.

L'interrogatoire judiciaire se déroule en trois phases. Le juge expose d'abord la situation personnelle de l'accusé, puis les faits et, enfin, il interroge l'accusé sur les faits. L'exposé de la situation personnelle de l'accusé est destiné non pas du tout à le connaître, mais à faire apparaître les failles de son caractère et de son histoire. En réalité, il s'agit moins des faiblesses de l'individu que de notions passe-partout auxquelles on pourra tout à l'heure accrocher les faits. C'est toujours sommaire et grossier. Si le caractère est plutôt faible, le juge mettra en valeur les changements de situation, signes d'instabilité, et les mouvements d'humeur, marques d'une certaine incapacité à se maîtriser.

Si c'est l'inverse, si l'homme a du caractère, le juge accentuera le trait, soulignera sa rigidité, le refus de prendre en considération les opinions d'autrui ainsi qu'une tendance à la brutalité.

Le but est toujours le crime. Il s'agit de niveler le terrain psychologique pour qu'il puisse recevoir l'édifice criminel. Car ce qui est approuvé au plus haut degré dans l'action criminelle, c'est sa force et la simplicité des solutions retenues. L'individu qui en répond doit nécessairement présenter des traits de caractère compatibles avec des choix rapides, simples et efficaces. Après l'interrogatoire dit de personnalité, c'est l'exposé des faits. Le grand moment. Et, pour le juge, la partie la plus difficile. Le principe : faire passer le crime de l'état émotionnel à l'état rationnel. La compassion et la peur ont beaucoup compté dans l'émotion publique déclenchée par le crime. D'autres sentiments ont été éprouvés, la curiosité, la fascination, le plaisir. Tout est encore là, très vivace, prêt à répondre à l'appel. Le juge n'y touche pas. Même, il met le bâillon. Non pas qu'il ne s'y intéresse pas. Il a un autre travail. Vraiment spécifique. Les réactions émotionnelles, très fortes, du premier degré, font leur apparition dans beaucoup de situations tragiques, criminelles certes, mais accidentelles aussi ou naturelles. Seulement, dans les situations accidentelles et naturelles, il n'y a pas à attendre la révélation de la présence d'une volonté humaine. Il peut y avoir une explication rationnelle, mais ce sera une rationalité sans volonté. Or, c'est précisément l'invention de cette volonté qui est la chose la plus attendue car c'est elle qui mettra la tragédie à la portée de chacun, sinon comme modèle d'action, du moins comme modèle – hautement désiré – de représentation.

Chacun voit bien ce qui distingue un grand crime d'une grande catastrophe. Les conséquences douloureuses sont les mêmes. Avec le grand crime, on a l'espoir qu'il a été voulu par l'homme. L'espoir ? Certes. Il est réellement question d'une espérance, celle d'abord d'être rassuré par l'identification de l'homme, plus proche et moins inquiétant que le hasard ou la fatalité. L'espoir ensuite qu'on nous enseigne qu'on aurait pu faire ce qui a été fait. On veut, à chaque instant de l'exposé, être saisi par la tentation d'agir de la même manière. On veut que la raison du criminel nous soit éminemment perceptible. Le pire est là ? On a l'ambition d'en retirer le meilleur. Quoi ? La preuve tangible, visible, qu'il est possible, dans une situation déterminée, de surmonter tous les obstacles de la sensibilité pour réaliser sa volonté. Voilà le fil conducteur du juge. C'est la règle à laquelle il va se tenir durant tout l'exposé des faits. Montrer comment, dans chaque situation rencontrée par l'accusé, ayant eu à choisir entre des considérations extérieures et son intérêt, il a toujours préféré son intérêt, réalisant ainsi pour son compte, mais surtout pour le nôtre, l'objectif vers lequel tout nous pousse.

Peu importe que la rationalité apportée par le juge n'existe pas dans la réalité. Son office est là. Mettre en évidence la pertinence de l'action, sa parfaite conformité avec les critères de la réussite, qui sait ne pas s'embarrasser des obstacles mis sur sa route.

L'acte est abject ? Sans doute. Mais le juge l'ayant rendu intelligible, il est d'autant plus appréciable qu'il est plus abject, car les raisons de son auteur gagnent en force dans la proportion des obstacles surmontés.

Après l'exposé des faits, l'essentiel est dit. Les débats qui suivent n'ont plus qu'une importance marginale. Il ne reste plus qu'à démontrer que l'accusé n'a aucune des vertus révélées par le crime. Qu'il en ait la capacité pratique, soit (c'est même nécessaire), mais il n'en a pas la capacité morale. Qu'est-ce à dire ? Que l'approbation du crime n'est pas l'approbation du criminel. Celui-ci lutte pour obtenir quelque chose qui peut seulement lui être concédé – si sa personnalité est assez effacée – lorsque les conditions de la loi sont réunies. Le plus souvent, elles ne sont pas réunies. Les raisons du crime – le juge l'a montré – sont bonnes mais la personnalité de l'accusé est mauvaise. Il a agi avec succès, mais c'est le succès d'une personnalité faible, médiocre et misérable. On ne retrouve pas en lui les forces qui se sont exprimées dans l'acte. Ou plutôt on les retrouve, mais ramenées à quelque chose de mesquin, comme un grand accident dans la vie d'un petit homme.

S'il arrive que le juge concède à l'accusé une certaine grandeur, c'est parce que celui-ci l'y aura contraint après avoir décelé une partie du jeu. Il aura compris qu'on se souciait comme d'une guigne de déterminer la place réellement occupée par lui dans le déroulement du crime et, aussi, que l'octroi des circonstances atténuantes ne tiendrait aucun compte de ce qu'il est.

Bien sûr, le juge veut octroyer les circonstances atténuantes. Il en a même le grand désir, mais il a le désir encore plus grand d'imposer ses conditions. En gros, ne rien accepter, ne rien prendre en considération qui puisse apparaître comme une contestation de son pouvoir, celui de dire si ce qu'il y a de bon dans l'infraction est imputable à ce qu'il y a de bon dans l'individu qu'on juge. Là, il faut partager et il n'entend pas se laisser dicter les conditions du partage. Le juge croit en effet – c'est la principale raison de son choix personnel de juger – que le criminel a déjà eu sa part de ce qu'il y a de bon dans l'infraction. Il ne juge pas le criminel tel qu'ils est, mais il le voit avec la rationalité qui est attendue de son jugement. En même temps, il a l'idée que le criminel a éprouvé ce qu'il y a de bon dans l'infraction et – chose que lui, juge, ne pourra jamais faire – en a joui. Dans les comptes du partage, il prend cet aspect en grande considération. On l'a placé là avec l'ordre de dire dans quelle mesure il est permis de jouir des choses illégales. Il va donc d'abord s'employer à démontrer qu'il y a une jouissance à prendre dans les choses illégales et, après, il va octroyer la jouissance. La liberté d'appréciation de la jouissance permise, c'est sûrement ce à quoi – sans le dire – il tient le plus. Dans ces choses cachées, il n'attend pas que la lumière lui vienne du dialogue avec l'accusé. Il ne peut compter que sur ses certitudes et ses préjugés. C'est ce qui l'incite à s'éloigner plutôt qu'à se rapprocher de lui. Il a le pressentiment qu'un tel rapprochement lui ferait perdre beaucoup de ses illusions sur la jouissance et, par conséquent, le fondement de son désir de juger. Même chez le plus coupable, la part qu'il prend dans la construction du crime est réduite. Elle ne ressemble pas du tout à ce que le juge suppose et désire.

Le recours (on devrait dire l'accès, comme un accès de fièvre) à la violence n'est pas vécu comme une passion, mais plutôt comme une cassure qui était orientée vers autre chose. On ne le croira pas parce qu'on ne veut pas admettre que l'homme armé peut avoir peur lui aussi et peut, lui aussi (ou même lui le premier), ne pas vouloir blesser, encore moins tuer. Pourtant, cela est vrai, en particulier pour les vols à main armée, contre lesquels la répression est féroce. Ils ont peur, dites-vous ? Ils sont donc encore plus dangereux. A coup sûr, ils prennent des risques pour autrui, ils n'ont pas le droit de le faire et ils ont tort. Qui dit le contraire ? Eux-mêmes ne le disent pas. D'ailleurs, ils sont presque les seuls à ne pas le dire. Que font-ils au juste ? Ils emploient la force pour se procurer l'argent. La force, vertu très noble; l'argent, bien très précieux. D'où viennent-ils pour agir ainsi ? Des régions sociales les plus délaissées. A quoi emploient-ils l'argent dérobé ? D'abord à des dons. Ensuite à se faire croire qu'ils sont riches. On les voit tour à tour généreux et prodigues. Ils ressemblent en tous points à ce qu'on a rêvé pour eux. Mais n'anticipons pas. Le juge n'a pas envie de leur parler, pas envie de les connaître, il se contente de les croire affublés de ses idées sur le bonheur, la vie facile, les plaisirs. C'est pourquoi il leur prête volontiers de si mauvais sentiments.

La rationalité de l'histoire racontée par le juge échappe complètement à l'accusé. Il ne s'y retrouve pas. S'il a fait quelque chose, il l'a fait dans un mouvement, une série, une succession qui n'étaient pas sous son contrôle et qu'il ne peut donc pas reconnaître dans la narration de l'audience. Il n'y est pas. De tous ceux qui y participent, il est même celui qui y est le moins, ce qui n'a d'ailleurs aucune importance. Il serait prêt à exprimer des émotions. On lui demande d'expliquer un acte auquel il a le sentiment – sincère et vrai au demeurant – d'avoir très peu participé.

La bonne action criminelle, celle avec laquelle on lui demande de rivaliser, l'a peu intéressé, à peine effleuré. Pas de place au procès, pas de mots pour le dire. Le juge exige qu'il reste en dessous de l'infraction. En réalité, il est en dehors d'elle.

Tous les procès sont politiques mais la plupart des accusés ne le savent pas. Le procès devient en effet ouvertement politique lorsque l'accusé revendique la légitimité de son action. C'est la seule condition. Si l'accusé reconnaît qu'il a volé et dit qu'il a bien fait, c'est un procès politique. Si l'accusé reconnaît qu'il a tué et dit qu'il a bien fait, c'est encore un procès politique. Aussitôt d'ailleurs, le juge devient un juge politique. Qu'est-ce que c'est? C'est un juge qui n'a plus de pouvoir. Cette privation n'est pas tout à fait celle qu'on pourrait croire. Bien sûr, il conserve la faculté de condamner, mais ce n'est pas cela qui compte, une machine pourrait le faire à sa place. Ce qu'il a définitivement perdu, ce qui va faire de lui un juge politique, c'est le pouvoir d'approuver le crime. Le métier du juge s'apprécie dans l'intervalle qui sépare le crime du criminel. Aussi longtemps que le crime et le criminel se différencient, le juge garde la liberté de les rapprocher plus ou moins, de les éloigner plus ou moins. Après avoir mis en valeur les mérites du crime, il est en position de fixer les insuffisances du criminel. Tout au contraire, il devient inapte à juger si le criminel se substitue à lui pour décider que, quoi qu'on fasse ou dise, il est à la hauteur du crime. Désormais, on ne peut plus apprécier les défauts de la personnalité criminelle par rapport aux qualités de l'action criminelle (ce qui est le vrai travail du juge), on doit s'efforcer de dénier tout mérite à l'action criminelle. La particularité du procès politique, ce n'est pas que le juge y soit moins indépendant (le juge n'est jamais indépendant), c'est qu'il ait perdu la ressource d'exposer les mérites du fait à juger. C'est qu'en effet l'accusé n'apparaît plus comme un coupable potentiel mais comme un vaincu. Sa défaite est celle de l'action elle-même et, dans cet état, c'est lui qui a le plus à gagner dans le procès. Lui seul pourra tenter de réhabiliter l'action. Non seulement il va se poser en rival du juge, mais celui-ci, dans la mesure où il devra refuser toute valeur à l'action en procès, ne réussira pas à cacher son asservissement au vainqueur. A partir du moment où l'accusé proclame ouvertement qu'il avait la volonté de réussir dans l'action qu'il a engagée, cette action n'est plus – du point de vue du procès, c'est-à-dire du point de vue social – une simple représentation. Elle devient réellement une menace, de sorte que le juge, en l'absence de la représentation, perd la maîtrise du processus criminel. Quand l'accusé dit : « Ce que j'ai fait est bien, il n'y manquait que le couronnement du succès », le juge ne peut plus dire, comme il faisait avec l'autre : « Ce que tu as fait est bien, mais tu n'étais – du fait de tes défauts et de tes faiblesses – pas digne de l'accomplir. »

Dans le procès de droit commun, le rôle du juge tend à imposer l'action criminelle comme modèle et à refuser d'en investir l'individu déterminé qui s'en est inspiré. Dans le procès politique, ce rapport est inversé. C'est l'accusé lui-même qui impose l'action criminelle comme modèle. Il ne se contente pas de mettre en scène la force des intérêts qui l'ont poussé, il réclame la reconnaissance d'un droit et il exige un changement. Il n'y a qu'une petite différence entre le procès politique et le procès de droit commun puisque dans les deux cas l'action a échoué et, même, c'est son échec qui la qualifie comme action criminelle. Seulement le procès de droit commun est très utile pour montrer que l'individu – mauvais – n'a pas le contrôle des forces – bonnes – qui sont en lui alors que dans le procès politique on ne peut que nier que l'action ait rien contenu de bon.

D'ailleurs, le juge politique – rendu politique par l'attitude de l'accusé – sent tellement bien cela qu'il s'ingénie à mettre en avant des motivations susceptibles de réduire la portée de l'action revendiquée : si l'accusé a été payé pour agir, le contenu de l'action cède le pas et tend à s'effacer.

Le but de la justice n'est pas du tout de distinguer le bien du mal, ni de dire ce qui est juste et ce qui ne l'est pas. Elle a une autre vocation, qui est d'institutionnaliser le crime. Elle est l'institution qui permet de le rendre aimable comme désir et comme représentation.

Est-ce que le juge, individuellement, existe comme

thuriféraire du crime ? Il n'en a certainement pas conscience. En tout cas, il n'a pas conscience du rôle qu'il joue dans l'institution. Quotidiennement, le procès est loin d'apporter les satisfactions qu'on en attend. Si l'individu à juger était au cœur du procès, chaque procès serait une aventure, mais comme ce sont les conditions d'approbation de l'action qui sont en jeu, l'audience est le plus souvent ennuyeuse. Les conditions sont très largement déterminées à l'avance dans la mesure où le contenu des affaires qui ont rang de crimes varie peu. Ce qui varie à l'infini, c'est l'histoire et la personnalité de chaque accusé, mais c'est ce qui compte le moins. De quoi s'occupent les cours d'assises ? Principalement de juger des hold-up. Qu'est-ce qui est mis en valeur dans ce genre de procès ? Le goût de l'argent et le goût des armes. Le plus souvent, il y a peu d'argent dans l'affaire et les armes n'ont pas servi. A proprement parler, pour le juge, le procès n'a pas d'intérêt. D'autant qu'il sait d'avance dans quelle fourchette se situera la peine. A ce sujet, il y a une expression qui en dit long : « la belle affaire ». Pour l'accusé, la belle affaire – si l'expression pouvait avoir un sens –, c'est la sienne. Et en fait de belle affaire, c'est plutôt une affaire douloureuse, ou pénible. Pour le policier, pour le journaliste, pour le juge, pour l'avocat, la belle affaire, ce n'est pas du tout chaque affaire, comme on pourrait s'y attendre, c'est seulement l'affaire qui va faire du bruit, dont on parle ou dont on va parler parce que le crime passe pour grand, parce qu'on ne sait pas encore quelles vont en être les conditions d'approbation. La belle affaire, ce n'est pas seulement le grand crime dont le mérite reviendra successivement au policier, au journaliste, au juge, à l'avocat, c'est aussi – de façon durable pour l'accusé, et presque à son insu –, durant l'exécution de la peine, l'octroi d'une qualité spéciale, un étiquetage de vedette, qu'il pourra considérer avec mépris mais dont il aura le plus grand mal à se défaire.

Si le juge n'a que rarement une conscience claire de ce qu'il fait, si bien qu'il ne s'identifie pas toujours avec son modèle, en revanche il ne peut échapper – comme individu cette fois et non pas comme élément de l'institution – aux déterminations concrètes de son travail quotidien. C'est tout de même quelque chose d'avoir sous la main un homme qui est accusé, qui doit se défendre, qu'on peut priver de sa liberté, quand il ne l'a pas déjà perdue, qui n'a plus ses mouvements à lui, quand même il n'est pas attaché, et dont le corps, livré à d'autres, doit porter la trace, dans son expression, dans ses gestes, de toutes les grandeurs qu'on reconnaît au crime. Y en a-t-il un pour prétendre qu'il n'y a pas de désir dans tout cela? Il est partout présent; et il est déterminant. Le juge n'a pas accès à la zone interdite où s'exerce l'attrait physique du criminel, dont le corps est comme imprégné du désir mis en lui, il ne fait pas partie de ceux qui peuvent l'approcher de près, le toucher et lui parler comme à un semblable. Il reste à l'écart de ce lieu où convergent des affections si nombreuses, si équivoques aussi, mais c'est lui qui en a (il le sait bien cette fois) dessiné la figure et les contours. L'invisible frontière qui le sépare du corps du criminel délimite aussi l'étendue de son emprise, de son pouvoir, puisque c'est lui également qui distribue le droit de voir ce corps, de l'atteindre et de communiquer avec lui.

Cette entremise flatteuse, imposée par la loi, le fait participer à un rite de désir et de douleur et ne peut pas le laisser indifférent. Elle est pour lui, ainsi que pour tous ceux auxquels il délègue une partie de ses pouvoirs, comme une tentation permanente de vivre autrement, et il doit la repousser pour se maintenir dans ce petit empire des sens! Est-ce pour mieux préserver le domaine où les hommes ont su nouer ce genre de relations? La loi du silence en tout cas se fait autour de ces choses que chacun ressent et que bien peu expriment.

Jeux très cruels. On va voir de quelle façon les vertus criminelles sont conformes aux vertus sociales et s'en font l'écho, mais il est bon qu'on comprenne dès maintenant à quel point le châtiment choisi contre l'accusé jugé coupable est sans proportions avec la gravité de sa faute et le degré de sa responsabilité.

La combinaison des trois règles du procès aboutit en effet à cela. La peine est d'autant plus lourde que l'intention de nuire est moins caractérisée. C'est la conséquence d'un système qui se soucie plus de montrer le crime que d'apprécier la responsabilité du criminel.

Lorsque la violence est purement physique, lorsqu'elle est lâchée en quelque sorte, entraînée par son propre mouvement, répétée infiniment, jusqu'au silence, par ses excès nerveux, il reste peu de place – dans ce désordre – pour une véritable intention, une volonté d'agir. Observation simple, tenue pour vraie en toutes matières, sauf en matière judiciaire. Ici, le travail du juge, l'exposition lente, méticuleuse, maniaque, de la suite ininterrompue des brutalités finissent par empêcher qu'on donne à la part humaine sa mesure exacte. Cette part est tiraillée en tous sens, tendue à craquer pour couvrir toute l'horreur du fait, celle qu'on vient de se raconter, et se mettre à son diapason. Au bout du compte, la force victorieuse, celle qui apparaît avec le crime, culmine au procès et s'arrête après avoir anéanti le coupable, n'est pas celle dont celui-ci était animé mais plutôt celle dont nous l'avons investi, crédité, pour justifier notre idée du crime et nous complaire à cette idée.

Je le prouve. Quand l'intention s'est fait clairement reconnaître avec les moyens d'excuse qu'on attend d'elle et que la loi permet, le bras du juge s'arrête, sa main flatte le coupable et sa décision l'acquitte. Encore n'ai-je parlé que des faits les plus graves, là où des vies ont été détruites, soit par accès de fureur, soit par volonté avérée. Mais dans l'échelle des peines, tout de suite après la répression très sélective des actes de violence, les coups les plus durs n'atteignent pas les actes les plus nuisibles, mais ceux qui se prêtent le mieux à l'exposition publique des valeurs positives du crime, à cette mise en scène où chacun peut les voir et les admirer.

Les longues peines, les années d'enfermement, sanction peut-être la plus terrible dans tout ce qui a été inventé pour faire souffrir, éliminent en notre nom des hommes – jeunes pour la plupart – qui n'ont pas tué, ni même blessé. Ils ont à peu près tous la même histoire, celle dont plus personne ne veut entendre parler, tellement elle est connue et vraie, la lamentation des mal pourvus, mal aimés, dérisoire. Pourquoi dérisoire? Parce qu'elle est parfaitement conforme à la manière dont on se sert de l'accusé au procès. Ses faiblesses (histoire personnelle, scolaire, familiale) sont objet de sarcasmes, non pas du tout parce qu'elles sont insuffisantes à justifier la faute, mais parce qu'elles sont des faiblesses. Grâce à ces faiblesses, dont le récit pimenté affriole le procès, le criminel descend inéluctablement en dessous du crime, son abaissement rend l'action elle-même plus agréable à regarder et la sanction plus douce à infliger. Frapper le faible, chose exquise, est permis, nécessaire.

Le discours qui incrimine la société est si dévalué, si démodé, qu'il est tout à fait de bon goût de plaisanter avec les aspects de la personnalité sociale qui ont favorisé la solution illégale. Les malins qui dénoncent l'antienne de l'enfance malheureuse comme une vieille rengaine pour empêcher qu'elle apparaisse comme une circonstance atténuante croient qu'ils ont inventé quelque chose. Ils se pensent tout à fait modernes en refusant d'avaler ce ragoût. Mais ils sont si déliés, si spirituels, qu'ils ne voient plus du tout cette épaisse vérité : dans le procès, les circonstances atténuantes ne vont pas au faible mais au fort. Les faiblesses de l'accusé n'ont pas trop servi comme circonstances atténuantes, elles n'ont jamais servi du tout comme telles, elles lui ont toujours été comptées comme circonstances aggravantes. C'est normal dans ce système qui cherche à opposer le crime au criminel, à surévaluer le crime et à dévaluer le criminel, à faire admirer le crime et à faire mépriser le criminel, à saluer la force et à condamner le faible.

Ils demandent des peines encore plus dures! C'est parce qu'ils veulent des crimes encore plus impressionnants. Car, pour le reste, ils n'ont aucun doute quant à l'efficacité de la peine. Ils savent bien qu'elle est nulle, et même pire que nulle, qu'elle est cause de récidive. Cela leur est bien égal, ce qui compte c'est que le crime soit grand. Plus la peine sera forte, plus le crime sera réputé grand. Qu'on aboutisse à une répartition scandaleusement, follement inégalitaire de la sanction (le fait est patent, reconnu) n'a aucune importance si c'est le prix qu'il faut payer pour aller au spectacle du grand crime. Il y en a de moins en moins? Qu'importe! Chacun, disent-ils (oui, ils disent cela), a le sentiment qu'il y en a de plus en plus. Et c'est ce sentiment qu'on entretient, qu'on cajole, qu'on développe dans un débat faussé, jusqu'à l'écœurement.

On tient l'accusé, on le maintient par la force, on le met devant soi, attaché, gardé, exposé de manière emblématique, et le temps passe, et il pourrit dans la prison, et ceux qui le gardent pourrissent aussi, à l'intérieur, et plus personne ne sait à quoi tout ce mal sert. Et il y en aurait peut-être un peu moins si le juge n'était pas si pressé d'approuver le crime, contraint de le faire, jour après jour, mis en demeure d'appréhender la belle affaire, d'y faire goûter le plus grand nombre, aidé par ses intercesseurs, ses procureurs – mandataires de quelle République?

5

« LA BELLE AFFAIRE »

« La belle affaire », c'est avant tout l'affaire de la presse.

Dans la nuit du 5 au 6 août 1983, sept personnes ont été tuées dans un hôtel d'Avignon. L'émotion est grande. Les sept victimes n'ont aucun lien entre elles puisque aussi bien il y a parmi elles des clients et des membres du personnel. On parle aussitôt de massacre, de carnage et, finalement, l'expression qui sera le plus souvent retenue est celle de tuerie. Que s'est-il passé? Pourquoi ces meurtres? Qui en est l'auteur? L'arrestation, sur les lieux mêmes, de l'un des meurtriers présumés ne permet pas de répondre à ces questions. « Les enquêteurs de la P.J., les dirigeants de la chaîne, le personnel, personne ne comprend » (journal *le Quotidien de Paris* des 6 et 7 août 1983). « En l'absence des aveux de Roussel [c'est l'homme arrêté] et tous les témoins visuels des faits ayant été supprimés, le scénario de la tuerie ne peut qu'être imparfaitement retracé » (journal *le Monde* des 7 et 8 août 1983). Alors? Va-t-on attendre d'avoir pu étayer, vérifier, recouper les hypothèses de la police pour raconter l'événement? Pas du tout. Pour l'essentiel, on sait à quoi s'en tenir et les certitudes tombent les unes après les autres. Tant en ce qui concerne la façon que l'intention de tuer. « Sept meurtres de sang-froid » (journal *le Matin* des 6 et 7 août 1983). « Des gangsters ont fait, de sang-froid, un véritable carnage dans un hôtel d'Avignon » (journal *France-Soir* du 6 août 1983). « Les tueurs ont tiré à bout portant sur leurs victimes. Il ne s'agissait ni de panique ni de nervosité ou de perte de contrôle » (journal *le Figaro* des 6 et 7 août 1983). « Tous tués à bout portant, délibérément » (journal *Libération* des 6 et 7 août 1983). « Repoussé dans sa chambre, il sera froidement exécuté avec sa compagne et les trois autres otages » (journal *le Monde* des 7 et 8 août 1983). « Sept personnes, quatre employés et trois clients ont été abattus froidement par deux hommes qui voulaient s'emparer du contenu du coffre-fort de l'établissement » (journal *le Quotidien de Paris* des 6 et 7 août 1983).

Aucun doute par conséquent, d'après ces premiers comptes rendus, les tueurs ont agi de sang-froid, délibérément, tirant à bout portant, pour tuer. C'est une véritable exécution. D'où vient cette unanimité? Y a-t-il un élément matériel sur lequel on s'appuie pour affirmer que les tueurs ont agi froidement, délibérément, en pleine possession de leurs moyens? Absolument pas. C'est une hypothèse, celle des policiers. Les meurtres ont été commis pour se débarrasser de témoins gênants. Est-ce possible? Dans l'histoire criminelle récente, de tels faits n'ont pas de précédents. Les auteurs d'agression à main armée agissent pourtant, le plus souvent, à visage découvert. Est-ce même vraisemblable? De quels témoins voulait-on se débarrasser? De ceux du hold-up? C'est absurde. De ceux des meurtres? Mais alors, pourquoi la première victime? Peu importent les questions, les possibilités, les vraisemblances, c'est vrai. « Il s'agissait de faire disparaître ceux qui auraient aisément pu décrire Jean Roussel et ses complices » (journal *le Figaro* des 6 et 7 août 1983). « Le commissaire divisionnaire estime qu'il s'agit " d'une exécution en règle pour éliminer tous les témoins oculaires " » (même titre). « Les témoins deviennent gênants. Et c'est le carnage » (journal *le Matin* du 6 août 1983). « Ce sont tous les témoins qui sont morts » (journal *France-Soir* du 6 août 1983). « Les policiers du S.R.P.J. de Montpellier... semblent persuadés que les agresseurs ont abattu leurs otages froidement et n'ont absolument pas cédé à la panique, éliminant avec méthode tous les témoins » (journal *le Quotidien de Paris* des 6 et 7 août 1983).

Cette volonté d'éliminer des témoins, la froide résolution dans l'exécution d'un crime au mobile directement intéressé, c'est une hypothèse, celle de la police. Sans cette hypothèse, l'affirmation ne repose plus sur rien. Certains le sentent bien et se montrent un peu hésitants, voire même contradictoires : « La panique certes, mais quand même un incroyable sang-froid pour abattre les seuls témoins visuels de ce qui devait être un hold-up » (journal *le Quotidien de Paris* des 6 et 7 août 1983). Alors, panique ou sang-froid? Certains, on l'a vu, ne se posent même pas la question. Les autres, ceux qui ne peuvent pas l'éviter en raison des contraintes de leur propre argumentation, évoquent la panique, mais sans que la contradiction les arrête un seul instant. « On peut penser qu'ils ont été pris de panique, qu'ils n'en étaient plus à un assassinat près » (journal *France-Soir* du 6 août 1983). Mais comme il faut à tout prix sauver la « froide détermination », le même article imagine que les tueurs étaient « sous contrat » : « Ce qui expliquerait leur froide détermination. »

Par la suite, dans les jours qui suivront, les questions posées se feront plus précises. Le mot « mystère » va faire son apparition. C'est maintenant « l'énigme de la tuerie du Sofitel... Les enquêteurs sont désormais persuadés que le commando qui a tué sept personnes au Sofitel d'Avignon n'avait pas pour objectif de commettre un simple hold-up » (journal *Libération* du 8 août 1983). « Les mystères du carnage d'Avignon », titre le journal *France-Soir,* qui se demande, à nouveau, si l'hôtel n'a pas fait l'objet d'un racket. Ces nouvelles questions viennent après la découverte du cadavre d'un homme que la police soupçonne d'avoir participé à l'action. Jean Roussel (arrêté au moment des faits, il n'a pas quitté les locaux de la police) savait, selon ce que rapporte la presse, que son possible complice avait été, à son tour, abattu. Pour quelle raison a-t-il été exécuté? On ne le voit pas. On peut penser toutes sortes de choses et aussi qu'il a été tenu pour responsable, par son impulsivité, du déclenchement de la tuerie, ce qui signifierait précisément que cette tuerie n'a été ni voulue ni acceptée par ses complices. La presse va naturellement se demander quel a été le rôle de cet homme. Est-ce que cet homme abattu n'appartenait pas au milieu? Est-ce que l'hypothèse d'une tentative de racket ne va pas s'en trouver renforcée? Certains vont l'écrire. « L'hypothèse du " casse qui tourne mal ", sur laquelle les policiers chargés de l'enquête sur la tuerie du Sofitel d'Avignon travaillaient depuis vendredi dernier, n'est plus privilégiée par les enquêteurs, depuis qu'ils ont pu identifier un quatrième truand qui était présent au Sofitel et qui est activement recherché. Compte tenu de la personnalité de ce malfaiteur, ils n'excluent plus que l'agression armée commise par Jean Roussel et ses complices, qui a dégénéré en carnage, ait eu à l'origine un objectif précis autre que le cambriolage des coffres : un règlement de compte par exemple, une vengeance ou une opération d'intimidation » (journal *le Quotidien de Paris* du 11 août 1983). « Oui, après trois jours d'investigations, les policiers ont acquis la quasi-certitude que les hommes qui ont exterminé sept personnes dans la nuit de jeudi à vendredi avaient un autre objectif que de commettre un simple hold-up » (journal *Libération* du 8 août 1983). « On se demande, dès lors, ce qu'étaient venus faire ces professionnels du vol et du crime au Sofitel, cette nuit-là. Tenter un petit casse minable qui a mal tourné, ou chercher autre chose » (journal *le Matin* du 8 août 1983). « On a prononcé le mot de racket. C'est assurément une hypothèse sérieuse à retenir. Certains avancent que le Sofitel aurait été l'objet d'une descente en force, téléguidée de Paris par une équipe de trois à cinq " durs " chargés d'imposer leur protection à la direction de l'hôtel » (journal *France-Soir* du 9 août 1983). En tout cas, on cherche un « troisième homme ». Sa présence sur les lieux est attestée, trois paires de gants ayant été retrouvées dans l'hôtel, ce qui permet d'ailleurs d'apprendre que les tueurs étaient masqués (détail qui rend encore plus invraisemblable l'hypothèse de l'élimination des témoins).

Les policiers comptaient beaucoup sur les explications que donnerait celui qu'on avait vu, quelques jours avant les faits, en compagnie du seul inculpé de l'affaire et de l'homme abattu. Son audition n'allait pas permettre de le mettre en accusation. Cela devait causer à une grande partie de la presse une vive déception. Elle l'exprimerait de deux façons, en laissant planer le doute sur l'innocence de ce témoin et en retournant à l'hypothèse initiale du hold-up manqué. En même temps, on vient d'apprendre par les résultats de l'autopsie que les tueurs n'ont pas utilisé que des armes à feu. « On apprenait également que deux des sept victimes du massacre avaient été égorgées sauvagement avant d'être achevées à coups de fusil » (journal *le Figaro* du 11 août 1983). « Les blessures... compliquent encore le scénario » (journal *Libération* du 11 août 1983). « Ils ont été torturés au couteau » (journal *France-Soir* du 12 août 1983).

Qui sont les tueurs? Pourquoi et de quelle manière ont-ils tué? Une semaine après les faits, pour l'essentiel, il n'y a que des incertitudes. En général, la presse le reconnaît. « L'enquête marque le pas » (journal *le Matin* du 12 août 1983). « L'enquête piétine » (journal *le Figaro* du 12 août 1983). « Ce n'est pas encore aujourd'hui que l'on saura ce qui s'est réellement passé au deuxième étage du Sofitel » (journal *Libération* du 11 août 1983). Les certitudes du début ont donc été mises en question. On ne sait même pas qui a tué. On ne sait même pas si la seule personne arrêtée à cette date a porté des coups mortels. A fortiori, on ignore les intentions des criminels. L'ignorance va si loin qu'on se permet toutes sortes de fantaisies dans le récit des faits. « Les enquêteurs cependant ont révélé que Jacques Gouttenoir [l'homme abattu] et Jean Roussel étaient en état d'ébriété lorsqu'ils sont entrés dans le hall de l'hôtel » (journal *le Figaro* du 11 août 1983). Pas du tout, écrit le journal *le Matin* (12 août 1983) : « Il faut se méfier des rumeurs. Il a ainsi été affirmé que Roussel était ivre au soir de la tuerie. Mais il s'agit sans doute là d'une confusion avec le témoignage d'un employé de l'hôtel Frantel qui l'avait vu se soûler à La Grande-Motte, quelques jours avant. » Dans quelques jours, la presse va d'ailleurs se désintéresser de l'affaire. Elle en reparlera si l'enquête révèle l'identité de nouveaux suspects et, bien sûr, au moment du procès. Quantité de scénarios auront été imaginés, de simples témoins auront été présentés comme des coupables, les premières certitudes se seront effondrées, mais il y a un point sur lequel on n'aura à aucun moment fait marche arrière. La seule affirmation qui n'aura jamais été nuancée (bien que les éléments matériels aient incité à une extrême prudence), c'est que les tueurs ont agi avec une impitoyable détermination.

L'impitoyable détermination des tueurs, c'est le principal postulat de l'affaire. Que cette détermination n'ait pas été la cause des crimes, que peut-être elle n'ait même pas existé (au moins chez certains), c'est une pensée qui n'est pas permise, qui est sacrilège. Une telle pensée, en effet, reviendrait à diminuer la taille du crime. Elle ne ferait aucun mal mais elle ramènerait le crime à une moindre dimension, ce qui est interdit.

La grandeur du crime, voilà l'objectif auquel concourent tous les metteurs en scène de l'affaire. On est grand quand on est à côté de ce qui est petit. L'affaire d'Avignon est grande par le nombre de ses victimes, par la détermination des tueurs, mais aussi par comparaison avec d'autres affaires de moindre importance, par comparaison avec la médiocrité des buts des assassins, par comparaison surtout avec la personnalité des meurtriers présumés. Pour que l'affaire soit maintenue dans toute sa grandeur, pour qu'elle se trouve constamment rehaussée au plus haut niveau, il est nécessaire de mettre le pied sur tout ce qui l'entoure et la prépare de sorte qu'on puisse en admirer l'envolée.

Plus soucieux que d'autres d'éviter les effets, de brider la grandiloquence, le journal *Libération* n'échappe cependant pas à la règle. Si le titre repousse le mélodrame (« Rideau rouge sur Avignon – 7 morts » (numéro des 6 et 7 août 1983), le texte ne l'évite pas. Dans un commentaire intitulé « Thêatres du crime » pourtant plein de réserve, le journaliste analyse les réactions déclenchées par l'événement : « Une tragédie d'abord laisse sans voix, puis vient le temps des raisons. Les débats pour ou contre, sur la peine de mort, la prison, les permissions des détenus, sont dans toutes les têtes, de droite comme de gauche. Chaque fait divers qui passe la barre de l'horreur banale [pourquoi banale, en quoi l'horreur criminelle peut-elle être banale? C'est qu'il y a la mort banale et la mort pas banale; et l'intérêt du crime, c'est qu'il favorise la mise en scène de ces morts qui échapperaient à la banalité de nos vies] les remet en circulation, à défaut de les renouveler... C'est pourquoi nous sommes bien obligés de répéter, ici aussi, que le désir de mort qui a battu l'estrade du Sofitel a été distillé dans les cuves du système carcéral. (Qui dira comment l'homme arrêté à Avignon, mince braqueur de village, est devenu une bête fauve, s'il s'avère qu'il a effectivement participé à la tuerie?) » C'est très vrai. Jean Roussel est resté neuf ans en prison avant d'avoir une permission de sortie (ceux qui se plaignent de cette permission en cours de peine pourraient se représenter qu'il n'aurait certainement pas été moins dangereux s'il était sorti un, deux ou trois ans plus tard, à l'expiration de sa peine), mais pourquoi parler à son sujet du « mince braqueur de village » qu'il aurait été avant de devenir une « bête fauve »? Si Jean Roussel a été condamné pour des vols qualifiés, y a-t-il quelque moindre mérite à commettre des agressions à main armée plutôt que des meurtres? Faut-il devenir une « bête fauve » pour sortir du territoire de son « village »? Façon de parler, assurément, commodité de langage, mais tout n'est que façon de parler dans un système qui prépare avec des mots ses coups les plus durs. Ainsi on ne peut se défendre de rapetisser ce qui est autour du crime pour mieux conserver à celui-ci sa grandeur.

« Peut-être Jean Roussel expliquera-t-il le coup de folie qui l'a fait basculer en quelques instants, une nuit d'été avignonnaise, dans une tuerie invraisemblable. *Pour un petit casse sans importance* [1] » (journal *Libération* des 6 et 7 août 1983). « Un *banal* [1] casse d'hôtel au Sofitel d'Avignon s'est transformé vendredi en un véritable carnage, l'un des plus sanglants de ces dernières années en France » (journal *le Quotidien de Paris* des 6 et 7 août 1983). « Un casse qui n'eût été qu'attristant de bêtise s'il ne s'était terminé dans un bain de sang » (journal *le Monde* du 9 août 1983).

Le travail de réduction, de rapetissage, va évidemment culminer dans la description de la personnalité supposée des suspects. Naturellement, ce sont des méchants, mais, avant tout, ce sont des petits. « Comme Roussel et Gouttenoir [le commentaire parle d'un suspect que la police recherche], il appartient à cette catégorie de " perdants " sans envergure dont la carrière crapuleuse se résume à une série de condamnations » (journal *le Monde* du 9 août 1983). D'où leur vient, à chacun d'eux, ce manque d'*envergure*? Est-ce parce que, « comme Gouttenoir, il a tiré, sans les toucher, sur les gardiens de la paix » (*le Monde*, même date)?

1. Souligné par l'auteur.

« La seule importance de cette affaire, disait un homme en tenue, hier, c'est son bilan historique. Mais au départ, c'est sans doute un petit casse mal préparé par des primaires dangereux et violents » (journal *le Matin* du 9 août 1983). Du grand crime, dont l'importance mérite d'être soulignée, au petit criminel sans valeur, la route est balisée. « Pour appuyer cette thèse [la thèse du petit casse préparé par des minables], poursuit le même journal, des arguments de taille : d'abord la *personnalité* [1] des protagonistes. Roussel est connu par les gendarmes comme un être fruste, implacable et indomptable. Une sorte de bête brutale qui n'avoue jamais et qui n'a toujours pas parlé. »

Quant à son complice Gouttenoir (l'homme abattu), il pèse encore moins lourd. C'est « un être au bord de la débilité. La gâchette facile et l'intelligence plus que limitée... Un homme sans caractère... une " balance " si stupide qu'il aurait même laissé son nom à la réception du Sofitel où il aurait réservé une chambre, les jours précédant le " casse ". Si bête aussi qu'il a laissé ses papiers d'identité dans la voiture retrouvée par les policiers » (*le Matin,* 9 août 1983).

Alors ? Et le troisième homme, présenté au début comme un membre éminent du milieu lyonnais, donc comme quelqu'un qui serait plutôt respectable, n'est-ce pas ? Eh bien, non, on s'est trompé : « Selon des sources reprises par l'ensemble de la presse, nous l'avions présenté comme fiché au grand banditisme, hier. Fausse information. Christian Paris est bien braqueur et proxénète, mais sans *grande surface* [1], semble-t-il » (*le Matin,* même date). Un tel déséquilibre entre la grandeur du

1. Souligné par l'auteur.

fait et la médiocrité du coupable, c'est une constante dans ce type d'affaires où on pressent que l'accusé sera bien obligé de rester en dessous du crime qu'on lui reprochera.

Dès lors, chacun donne libre cours – sans aucune mesure – à son envie d'en découdre avec le plus faible, sûr qu'il pourra tout à la fois donner à sa dureté une justification et au crime un lustre supplémentaire.

Après le feu d'artifice des premiers jours, « la belle affaire » quitte rapidement le devant de la scène. L'inévitable théorie de mystères qui a suivi l'annonce de l'événement n'intéressera bientôt plus personne. De loin en loin, dans les creux de l'actualité, dans le cas d'une nouvelle arrestation ou de la simple perspective d'une nouvelle piste, elle frisera à nouveau la surface, laissant voir – mieux peut-être – ce qui intéresse vraiment.

Trois semaines après les faits, on a effectivement un peu reparlé de la tuerie d'Avignon. Les conditions étaient encore bonnes. A quelques jours de la rentrée, le responsable de l'enquête sur place, « un Oranais disert, au geste vif, hume ce qu'il appelle " l'odeur du crime ". L'enquête qu'il dirige de son bureau, au rez-de-chaussée d'un bâtiment neuf de l'hôtel de police de Montpellier, se poursuit activement » (journal *le Monde* du 1er septembre 1983).

Pour l'essentiel, désormais, à moins que de nouvelles arrestations n'interviennent, ce sera le silence jusqu'au procès.

Quand Roussel se présentera devant ses juges, il sera servi. Brusquement, on se sera rappelé l'existence du secret de l'information. Rien n'aura filtré de ses déclarations, celles où il aura expliqué par quel enchaînement improbable de circonstances il s'est trouvé mêlé à une entreprise qui n'était évidemment pas destinée à tuer. Quant à ses antécédents, sa très longue détention, son refus de réintégrer la prison après la permission de sortir, tardivement octroyée, ils ne lui seront pas comptés comme autant de signes que la prison n'est pas capable de favoriser le retour à une vie normale, mais plutôt comme la preuve qu'il est incorrigible.

Les juges et les jurés appelés à examiner son cas se souviendront très bien des « faits », c'est-à-dire de cette « horrible tuerie » avec une « froide détermination ». Ils iront au siège de la cour d'assises avec la pensée que le maximum prévu par la loi est encore une peine trop douce et s'il advient qu'ils descendent d'un ou de plusieurs degrés dans l'échelle des peines, ils auront l'arrière-pensée que leur bienveillance est coupable. En réalité, le succès public rencontré par « la belle affaire » les aura rendus sourds et aveugles à tout ce qui pourrait les détourner de donner au crime sa plus haute dimension et d'en faire valoir l'éclat sur son support humain le plus faible et le plus misérable.

Avec le procès en effet, « la belle affaire » atteint son point culminant. La mise en scène n'est pas seulement destinée à favoriser l'exposition publique de la figure criminelle, mixture de destructions matérielles et d'états contemplatifs. Elle procure à bon nombre de protagonistes de l'affaire une part de publicité. Naturellement, l'accusé se taille la part du lion, mais derrière lui, ceux qui l'accusent, ceux qui le jugent et ceux qui le défendent vont aussi faire parler d'eux. Il se crée ainsi, entre tous ces gens, une communauté innommée d'intérêts qui a des aspects très superficiels et d'autres qui le sont beaucoup moins – comme si, au-delà du verdict de culpabilité qui n'affecte que l'accusé, un autre verdict les attendait tous, le verdict public qui les fera ou non passer de l'ombre à la lumière. Petit côté ? Pas du tout. Grand angle pour bien voir ce qui se trame derrière tout cela.

Ces parties invisibles vont se montrer peu à peu, au fur et à mesure que tout le jus de l'affaire aura dégoutté. La figure criminelle tend toujours vers son paroxysme mais elle ne l'atteint qu'avec la dimension politique. Non pas du tout qu'on soit porté à élever la personnalité de l'accusé à la dignité de l'engagement politique. C'est tout le contraire. L'engagement politique lui est énergiquement refusé. Il n'a pas la taille de l'action. Il doit rester plus petit qu'elle mais, justement, celle-ci déborde. Son support humain a été tellement réduit qu'elle risque de perdre toute attache et, de ce fait, toute signification. C'est pourquoi il y a ce besoin d'un *relais.* Pas du tout pour rendre l'affaire à sa réalité, mais pour la maintenir sous tension.

Dans l'affaire de la tuerie d'Avignon, l'inculpé des premiers jours avait bénéficié, en cours d'exécution de peine, d'une permission de sortie dont l'octroi dépendait du juge et du juge seul. Cette circonstance avait la vedette. A la date des faits, cet inculpé aurait pu – aurait dû – se trouver en prison! Il est évident que si cet homme s'était trouvé en prison à l'instant des faits, il n'aurait pas pu y participer. Seulement la non-participation de cet homme au crime n'aurait pas résulté de sa volonté mais d'une circonstance indépendante de lui : la décision de ce juge de le maintenir en prison. Du moment qu'on s'était accordé à dire que l'inculpé avait mis toute sa volonté au service de l'action criminelle, comment pouvait-on soutenir que la peine d'emprisonnement – dont le terme allait être atteint de toute façon

– mettait à l'abri contre le risque des forfaits qu'il méditait ? Le raisonnement qui accusait la permission de sortie revenait à le traiter comme une boule de billard placée sur une certaine trajectoire et, en même temps, personne n'aurait songé à accepter qu'il n'eût pas plus de responsabilité personnelle qu'une simple boule de billard. Cette seule observation montre à quel point l'accusation portée contre la décision d'accorder une permission de sortie était peu rationnelle, mais en réalité les accusateurs n'étaient guidés par aucune préoccupation de cet ordre. Le maire de la ville où les faits avaient eu lieu envisageait, pour sa part, de porter plainte contre le ministre de la Justice, dont la politique pénale était, disait-il, responsable de la tuerie. Selon le journal qui rapportait ses propos (*le Figaro* des 6 et 7 août 1983), son raisonnement était qu'en réduisant la durée des peines criminelles (ce qui n'est d'ailleurs et malheureusement pas le cas), on encourageait le crime : « C'est un encouragement donné aux malfaiteurs. Que l'on tue un, deux ou sept personnes, on est assuré de " faire quatorze ans ", les gangsters auraient tort de se gêner. » Ainsi, c'était toujours l'idée qu'il y avait nécessairement plus d'intérêt et de satisfaction à tuer deux personnes plutôt qu'une et sept plutôt que deux. Quant à se plier à la réalité (en l'espèce, l'inculpé s'exposait – du fait de sa situation pénale – à une condamnation perpétuelle quel que fût le nombre de ses victimes), il n'en était pas question. L'exploitation du malheur à des fins politiques était si manifeste qu'on aurait pu aussi bien soutenir que la tuerie d'Avignon avait comblé d'aise les ennemis du régime en place. L'intérêt de tels débordements n'est pas dans leur excès mais dans le fait patent qu'il peut n'y avoir strictement aucun lien entre le crime lui-même et la recherche des responsabilités. Au moment du fait lui-même, quand il est dans sa phase émotionnelle la plus active, il est pratiquement interdit de réfléchir. Pour avoir droit à la parole, il faut pousser l'émotion encore un peu plus loin dans ses culminations de vengeance même si on pense exactement le contraire. Un commentateur dénonce « la déconstruction du système de protection de la société » (J.-M. Varaut, *le Quotidien de Paris* du 9 août 1983). « Le massacre du Sofitel, ajoute-t-il, apparaît comme l'apogée d'une montée de la délinquance vécue par chacun, dénoncée par tous, contre laquelle aucune politique pénale cohérente n'est engagée. » On croirait que ce commentateur est de ceux qui soutiennent qu'il y a en France de plus en plus de crimes de sang et de moins en moins de moyens de lutte contre le crime. D'ailleurs, n'écrit-il pas un peu plus loin que « les États-Unis ont redécouvert depuis dix ans les moyens de gagner la guerre que nous perdons contre le crime » ? En réalité, ce n'est pas du tout sa pensée. Il poursuit : « Les assassinats comme celui d'Avignon, les attaques à main armée, les cambriolages sont trop nombreux. [Qui le contredirait ?] Mais il ne faut pas qu'ils nous fassent oublier qu'ils sont relativement rares et même de moins en moins nombreux... Les crimes de sang diminuent chaque année... Aujourd'hui, on risque en France vingt fois plus de mourir d'un accident de la route que d'un homicide... Les Français d'il y a cinquante ans et les Américains d'aujourd'hui assassinent neuf fois plus souvent leur prochain que les Français d'aujourd'hui. » Ce commentateur avait donc quelque chose à dire qui était diamétralement opposé aux idées fausses charriées par la rumeur, mais il ne pouvait pas le dire s'il ne se mettait pas d'abord dans le courant qui emportait tout.

Contre le grossissement du trait, l'épaisseur de l'émotion, dans ces moments, il n'y a pratiquement pas de lutte. On est tout à la joie d'assener des certitudes élémentaires, de laisser tomber quelques grosses pensées soutenues par les bons gros mots d'un vocabulaire raréfié. La survenance du crime libère une démarche qu'on s'interdit d'habitude, elle permet d'employer les expressions les plus usées, les images les plus banales, de faire choc avec les moyens les plus faciles comme si l'esprit était tout à coup délivré des contraintes qu'il s'impose d'ordinaire. C'est comme un laisser-aller général où il s'agit avant tout de cogner, dans la compétition qui vient de s'ouvrir.

A quelque temps de la tuerie d'Avignon, un autre fait divers va retenir l'attention de la presse. C'est le cas d'un gendarme qui a étranglé la secrétaire d'un entrepreneur auquel il venait apporter une convocation. Elle avait, disent les journaux, repoussé ses avances. C'est un fait d'une certaine brutalité, mais avec la particularité d'avoir été commis par un gendarme. Il y a si peu de proportion entre le crime lui-même et ce qu'il convient d'en dire que l'opinion qui va se répandre sur les faits sera beaucoup moins déterminée par ce qu'on peut en savoir que par la qualité de leur auteur. C'est un gendarme. S'il n'avait pas été gendarme, on n'en aurait probablement pas parlé. En tout cas, on se serait bien gardé d'offenser la mémoire de la victime en acceptant de considérer a priori ce meurtre comme un acte irréfléchi. Mais c'est un gendarme. Donc, c'est un « coup de folie » (journal *Ouest-France* du 26 août 1983). Pour le journal *le Figaro* (même date), c'est même un

« coup de chaleur ». Peu de chose finalement pour cet organe de presse, qui mène par ailleurs la lutte que l'on sait contre la criminalité. C'est à peine si la victime a existé. En tout cas, il n'y a pas de quoi s'appesantir sur ses souffrances. Quant à la pensée générale qui va conclure le récit de ce « cas classique » de « pulsion sexuelle mal maîtrisée », elle est formulée dans ces termes : « En tout cas, cette affaire douloureuse survient au mauvais moment pour la gendarmerie, à l'instant même où certains de ses membres se voient reprocher par la justice des fautes de procédure judiciaire. Une justice subitement prompte à épier les moindres faits et gestes de tout ce qui porte un uniforme. » Au fond, ce qu'il y a à penser de ce « coup de chaleur », c'est que la justice du moment est plus prompte à accuser les gendarmes qu'à condamner les malfaiteurs.

Cet exemple n'est pas isolé. Il n'est pas dû à la maladresse du style d'un journaliste pressé. Il est l'application très ordinaire d'une conception générale du fait divers, dont l'exploitation n'est pas du tout destinée à faciliter l'appréciation des responsabilités, mais à valoriser toutes les ressources de la vision la plus sale. Toute la presse a plus ou moins recours aux mêmes méthodes mais, pour certains journaux, c'est une spécialité. Quel que soit le fait divers, on retrouve une démarche identique. Il y a un centre et une périphérie. Au centre, c'est le détruit, les morceaux humains désagrégés, la vie en allée. A la périphérie, c'est le prétexte. Tout ce qui justifie moralement la publication et la description du détruit. Le but est de montrer le plus de détruit possible, mais il faut un prétexte qui fasse que tout le détruit mérite d'être montré. La question morale, c'est-à-dire la question de l'appréciation de la responsabilité morale de l'individu humain dans l'exposition du détruit humain, remplit ce rôle. Le récit cherche un équilibre entre la quantité de détruit et le point de vue moral. Plus on aura porté une appréciation morale négative, plus la quantité de détruit dont la mise en scène est permise sera importante.

Selon le cas, l'appréciation morale négative se portera tantôt sur l'auteur du fait criminel, tantôt sur la victime, tantôt même sur le juge. Le choix se fait en fonction du matériel disponible.

Il faut montrer le plus de détruit possible, mais on demande la permission. C'est pourquoi on ne montre jamais le détruit tout nu, tout seul. Si l'on ne dispose pas d'informations sur l'auteur du détruit, l'office sera rempli par la victime elle-même.

« Une froide exécution » : c'est le titre consacré par le journal *le Parisien libéré* (17 et 18 avril 1982) à « l'assassinat de la femme du médecin de Briey ». « Une véritable exécution, déclare un enquêteur, qui a eu quelque chose de froid, de réfléchi, de déterminé et de décidé. » « La victime regardait son meurtrier, qui l'a tuée de face, de trois balles de revolver dans la poitrine. »

En l'absence d'indications sur le meurtrier (« venu pour tuer », certes, mais a-t-il agi par « intérêt » ou « sous l'effet de l'amour et de la passion »?), d'où viendra l'élément moral significatif, celui qui donne la permission de parler? De la victime! « La victime, Monique M., l'épouse qui vit séparée de son mari. » Donc une femme seule, menant une vie libre, séparée de son mari, un notable. Mais ça n'est pas tout. Elle a quitté le domicile conjugal. C'est elle qui l'a décidé, laissant à son mari la garde des enfants mineurs, les abandonnant. Elle a « préféré » cela. C'est sans doute normal puisqu'« elle se laisse aller à la boisson ». Elle est « toujours très élégante », mais elle « se laisse aller à la boisson ». « Désœuvrée [le journal affirme que ces propos ont été tenus par le mari], ne s'intéressant plus à rien, elle n'a jamais su organiser sa vie, et puis, peu à peu, elle s'est mise à boire jusqu'à deux litres de pastis par jour. »

Le plus souvent, la permission de parler vient de l'auteur, du suspect, du malfaiteur. Il n'est même pas toujours nécessaire d'attendre qu'il soit passé aux actes. L'affaire racontée par le journal *le Parisien libéré* les 19 et 20 avril 1982 est, à cet égard, assez significative. Dans la page des faits divers, rubrique intitulée *24 Heures,* les gros caractères essaient de faire exploser la nouvelle sur deux lignes grasses : « Nous tuerons deux policiers pour venger notre camarade. » En surtitre, dans un caractère plus petit, on peut lire cette précision en forme de préambule : « L'incroyable menace des gangsters du 16e après la mort d'un de leurs complices abattu par un gardien de la paix. » Tel est donc le fait brut. Une équipe de gangsters menace de tuer deux policiers pour venger l'un des leurs. Juridiquement, la menace de mort est un crime, mais c'est un crime bien plus grand lorsque cette menace est dirigée contre un policier. En quelques mots, le journal a fait monter son lecteur sur l'estrade d'où il peut voir et craindre les provocations – « incroyables » – de la bande de malfaiteurs. La mise en page, le choix des caractères, l'ordre des mots dans l'exposé, tout concourt à faire croire qu'un grand crime est sur le point de se commettre. Le journal du lendemain se contentera d'un caractère plus petit et de quelques lignes de commentaire pour annoncer l'arrestation – sans aucun incident – des « deux bandits qui avaient menacé d'abattre deux policiers ».

Seulement, l'alerte n'avait pas été inutile. Si le grand crime qui menaçait n'avait pas été commis, celui – bien réel cette fois – qui avait été effectivement consommé méritait désormais d'être totalement approuvé.

Que s'était-il passé? Selon ce même journal, tous les gardiens de la paix de la capitale avaient reçu l'ordre d'être vigilants tant la menace paraissait sérieuse. Mais pourquoi ces menaces? Elles ont suivi « la mort d'un truand, tué par un policier, samedi soir à Paris, alors qu'il allait égorger son otage ». Non seulement les truands prennent les gens en otages dans la rue, non seulement ils veulent les égorger, mais ils menacent de tuer les policiers qui les en ont empêchés! Telle est la situation dans Paris ce 19 avril 1982.

Alors, truands, ces quatre jeunes Maghrébins familiers du 18e arrondissement? Assurément, si l'on s'arrête aux premières indications données par l'article. Ils font partie de cette catégorie de « " petits " criminels qui volent, violent, agressent et rendent les rues de Paris absolument invivables ». Pourtant, les choses deviennent moins nettes quand le récit se fait plus précis. Il faudra attendre le journal du lendemain pour apprendre que deux des quatre jeunes gens n'avaient jamais été condamnés ni même appréhendés et que celui qui a été tué était l'un de ces deux-là. Mais puisqu'ils étaient sur le point d'égorger des otages! Vraiment? Suivons encore le récit. Leur équipe est suivie par une « brigade anticriminalité ». « Elle a repéré les quatre jeunes voyous, et elle les " file " depuis une demi-heure déjà, sûre de les prendre en flagrant délit. Et c'est la rencontre, les quatre hommes, poignard à la main, se ruent sur les touristes. La femme est jetée à terre; son mari, couteau sur le ventre, terrorisé, doit leur remettre ses appareils photo, son portefeuille. » C'est donc une scène d'une grande brutalité. On voit quatre hommes, quatre « truands », tous armés, « le poignard à la main », jeter toutes leurs forces contre un couple sans défense, renverser la femme, menacer de tuer l'homme. Arrivent les policiers. A quoi doit-on s'attendre? N'est-ce pas à un affrontement plutôt violent où chacun des deux groupes fera usage de ses armes? En tout cas, les choses vont se passer autrement. « Rabah A. se laisse arrêter. » Comment? « Sans trop de résistance. Mais ses trois complices résistent, tentent de le libérer. L'un d'eux, particulièrement acharné, donne de grands coups avec son couteau, une arme redoutable, dont la lame mesure plus de 15 cm. » Au début, on avait pensé qu'ils étaient tous armés, ce qui apparaît maintenant, c'est qu'une seule arme a servi. Mais a-t-elle servi contre le couple sans défense? Pas du tout. A-t-elle servi pour infliger des blessures mortelles? Pas non plus. « Il atteint à la main l'un des policiers, qui a presque deux doigts arrachés. » On admire le « presque ». Que se passe-t-il après? Les trois jeunes gens prennent la fuite. « Deux parviennent à disparaître dans la nuit, mais celui qui a blessé l'agent court moins vite. Les policiers sont sur ses talons, il se retourne, donne de grands coups avec son poignard, les tient aussi en respect. » C'est intéressant, ce que dit le journaliste. Mais ce qu'il ne dit pas est intéressant aussi. Il ne dit pas en particulier que les policiers ont sorti leur arme, une arme à feu, et qu'ils menacent de tuer le fuyard. Le fuyard a certainement le plus grand tort de fuir? Mais pourquoi fuit-il? Et que fuit-il? Il fuit tout simplement ce récit qui fait de lui un truand, alors qu'il n'a jamais été condamné, et l'accuse d'une double tentative d'homicide volontaire contre ce passant, alors qu'il ne l'a pas blessé, et contre ce policier, qu'il a blessé à la main. Car c'est ainsi, dans ces termes, qu'il serait jugé s'il venait à l'être, s'il était arrêté. Le sera-t-il ? « C'est à ce moment que Mme Staphoula P., trente-quatre ans, survient... Le bandit la ceinture, lui applique sur la gorge la lame de son couteau, tranchante comme un rasoir. Les policiers s'arrêtent, ils ne peuvent rien faire, ils sont là, impuissants. » Mais qu'est-ce qu'ils sont empêchés de faire ? De tirer, parbleu!... « La lame se rapproche encore de la gorge de Mme P., elle va être blessée, tuée peut-être. Un instant le corps du bandit se détache de celui de l'otage. Alors, un des policiers tire. » Dans ces conditions, la lame tranchante comme un rasoir qui se rapproche encore de la gorge de la femme, quoi de plus normal ? « L'homme est atteint à l'épaule. » Dans quelques instants il va mourir, mais il a été atteint à l'épaule. Ainsi, s'il meurt, c'est presque un accident. « On se précipite : le bandit est mort, on s'aperçoit que la balle a glissé contre une côte, lui a fait éclater le cœur. » Que sait-on en réalité ? Rabah a-t-il réellement menacé la femme ? Était-il vraiment sur le point de la blesser ? C'est possible, les policiers ont pu le penser. Le contraire aussi est possible, mais ce qui est sûr, c'est que Rabah, qui n'était pas un truand, n'a pas blessé cette femme, pas plus qu'il n'avait blessé ce passant; ses amis ne se sont pas vengés, ils ont été arrêtés sans résistance et Rabah est mort. « Nous tuerons deux policiers pour venger notre camarade. » Où est le crime ?

6

ÉCRITURE, TRAHISON

Glorifier le crime, humilier son auteur, c'est une seule et même entreprise. Selon les circonstances, elle se nourrit de l'un ou de l'autre, mais elle ne manque pas une occasion de prospérer, contournant les obstacles, rusant avec les frottements de la réalité, tirée vers son objectif : faire admirer tout le détruit permis. Tantôt, c'est l'action qui est mise en scène avec les secrets de sa réussite. Tantôt, c'est l'individu avec ses insuffisances. Tout le flux est dans la description du crime, voué à se faire admirer. Puis c'est le jusant. On s'en prend à l'individu, qui a rarement les mérites du crime. C'est la mise à l'index. Le fait divers a toujours les deux côtés. On le prend par où il s'offre le mieux, attiré, aimanté par la configuration idéale, celle du fait justifié dont l'auteur est excusable. Chaque fois on veut que la fête commence, mais avec une raison élevée d'y participer.

Au mois d'avril 1983, on juge à Melun un garçon de trente ans qui s'est livré à de très graves sévices sur quatre jeunes femmes. Observant chaque fois le même « rituel sadique » (c'est l'expression employée par les enquêteurs), il a entraîné ses victimes chez lui et leur a imposé, par la violence, ses pratiques sexuelles. L'une d'entre elles est morte.

Si ces mêmes faits n'avaient pas été accompagnés d'une mise en scène méticuleuse et précédés d'instructions enregistrées que l'accusé s'était données à lui-même, ils n'auraient pas attiré l'attention. Divulguées à l'audience (une audience qui avait échappé au huis-clos par la volonté de l'avocat des victimes), publiées ensuite par extraits dans certains journaux, les instructions précises que cet homme avait dictées au magnétophone composaient une synthèse assez ordinaire de fantasmes de soumission et de domination. Le président de la cour d'assises avait estimé que la diffusion de cet enregistrement était nécessaire. Le texte en soi n'avait rien de très original mais sa puissance était décuplée (les feuilles déjà jaunies du journal qui en a reproduit des extraits n'en donnent pas idée aujourd'hui) par l'effet de scène : cet homme était accusé d'avoir fait ce qu'il avait dit. Rien de moins. Le compte rendu de l'audience (journal *Libération* des 27 et 29 avril 1983) hésite entre deux attitudes. Le titre et l'illustration optent pour une version plutôt légère, souriante même. Quel titre choisit-on pour annoncer le sujet ? « Le livre de cuisine d'un tortionnaire. » Et l'illustration (un dessin) montre une femme vêtue d'un déshabillé qui découvre ses cuisses et ses seins. Elle porte des chaussures à talons et des bas à jarretières. Elle est allongée sur le ventre, le haut du corps tiré en arrière. On voit les bottes de cuir et le pantalon bouffant (mais rien d'autre) de l'homme qui lui arrache ce haut-le-corps en tirant les ficelles auxquelles elle est attachée, comme un pantin, tandis que, du pied, il prend appui sur ses reins. L'article, lui, est d'un tout autre ton. C'est « l'horreur [qui] a envahi la cour d'assises de Melun. Le procès... a dépassé jeudi les limites du supportable ». Pourquoi ces limites ont-elles été franchies? On sait déjà quelles souffrances ont été infligées aux victimes. En quoi les révélations de la veille étaient-elles plus supportables? Qu'y a-t-il de nouveau dans l'audience du jour? « On avait réservé pour cette troisième audience l'examen d'une pièce essentielle du dossier : en l'occurrence une bande magnétique, longue d'une bonne demi-heure... Sa diffusion, hier, restera sans nul doute la plus terrible épreuve de tous les débats. » Comment? Le crime est déjà connu dans toute son étendue et dans tous ses détails et voici que l'audition d'une simple bande magnétique devient elle-même une épreuve, la plus terrible peut-être, qui fait franchir « les limites du supportable »? L'impression livrée par l'auteur de l'article est bien surprenante. D'autant plus que la bande magnétique ne dit rien qui n'ait déjà été écrit sous des formes beaucoup plus sophistiquées. Après des « préliminaires affolants », les instructions dictées par l'accusé invitent à rechercher une « excitation d'une dureté progressive » de telle sorte que la jeune fille sera totalement soumise « ... à un bourreau qui ne devra jamais se laisser attendrir par les gémissements étouffés ».

Que ces « instructions » soient un instant transposées sur un autre terrain, qu'elles aient à être appréciées dans une autre rubrique du journal, celle des spectacles, elles ne susciteraient que sarcasmes, sourires convenus, commisération pour la pauvreté de l'inspiration, en tout cas rien qui s'apparente à l'émotion forte de la « plus terrible épreuve ». Tout de suite, le commentaire décèlerait le modèle qui a servi, il s'y reporterait et dénoncerait le mauvais imitateur. Encore faut-il supposer qu'il accepterait de consacrer quelques instants de réflexion à la pâle copie, ce qui n'est même pas sûr, tellement il aurait éprouvé la banalité de la facture. L'empreinte laissée par des modèles illustres est si visible, si facilement identifiable qu'elle serait nécessairement signalée. L'auteur du texte serait aussitôt désigné comme plagiaire et se verrait retiré, non sans condescendance, tout mérite. Vraisemblablement, cet auteur n'aurait trouvé personne pour l'éditer ou le représenter, mais si le hasard ou l'aveuglement avait réussi cela, son œuvre aurait été accueillie avec indifférence, au mieux avec mépris, car la filiation intellectuelle n'aurait échappé à personne.

Si la bande magnétique divulguée à l'audience avait été utilisée, dans un spectacle, sur le mode de la représentation, elle n'aurait provoqué aucune véritable émotion et aurait été traitée comme une marchandise vile. Au procès, c'est exactement le contraire qui se produit. C'est la même marchandise, et elle fait naître les émotions les plus fortes, elle suscite l'horreur dans une « épreuve terrible ». Il aura donc suffi, sans rien toucher au contenu de la bande magnétique, de changer le lieu de divulgation pour provoquer un sentiment d'horreur à la place d'une réaction d'indifférence.

D'où vient une transformation si considérable ? Comment peut-on trouver tout à coup de l'intérêt à quelque chose qui était incapable d'éveiller la moindre curiosité ? Pourquoi la bande magnétique réussit-elle à remplir la salle d'audience alors qu'elle aurait vidé la salle de spectacle ? C'est qu'à l'audience on ne se contente pas de faire entendre le texte, on montre celui qui est supposé avoir exécuté les instructions du texte, transformé ces paroles en actes. Le même texte aurait pu être reproduit ou représenté de cent façons différentes. Si son contenu (cette association des idées de violence et de soumission) n'avait pas été capable, à lui seul, de retenir l'attention, il aurait tout de même atteint son public grâce à la mise en scène. On aurait compensé l'usure du contenu par la recherche de nouveaux supports. On l'aurait illustré avec des images, on aurait pu le faire ânonner par un vieillard ou déclamer par un enfant. Il se serait enrichi par les effets de contraste, mais il aurait gagné encore à être exprimé sans aucun artifice, décrit comme la recette normale d'un nouvel art de vivre. A mesure qu'il côtoierait la réalité de plus près, cherchant à s'inscrire en elle, renonçant à être une virtualité de l'imagination pour devenir une façon de se comporter et d'agir, il verrait son public grossir, car ce qui est très mauvais pour la littérature, moins mauvais pour le cinéma, reste encore assez bon pour la réalité.

Bon? Mauvais? Comment faut-il l'entendre? Au niveau le plus accessible. Comme on dit « bon à manger ». L'énoncé des règles à observer pour obtenir d'un être, par des moyens violents, la plus grande soumission est un centre d'intérêt qui a la vie dure. Seulement, dans la formulation littéraire, il est impossible de se contenter d'une notion simple. Sinon, c'est trop vite dit. Il y a des degrés à respecter, tout un cheminement, un progrès, une tension à développer. Déroutée par les signes, l'attention a constamment besoin d'être soutenue, de subir des secousses et d'ordonner – sur la ligne de lecture – la bousculade des sentiments. Mais surtout, l'écriture s'acharne à déchiffrer la mêlée obscure de l'action. Elle ne laisse pas dire volontiers qu'un sentiment a pris le pas sur tous les autres, qu'un seul motif ou un seul intérêt s'est tout approprié et que l'égoïsme d'un seul a triomphé au détriment de tous les autres. Bien sûr, il y a des livres qui font le récit d'une ambition qui se met au service d'une seule cause et piétine tout sur son passage. Ils ont du succès, tout le succès qu'ils méritent, mais l'écriture se rebelle contre ces simplifications. Elle ne laisse pas faire le gros travail de nivellement. Elle se révolte sur le plat et n'accepte pas les sens uniques. Est-ce son rôle de signaler l'imperceptible ? C'est cela, mais c'est aussi – dans l'écriture elle-même – une sorte d'incapacité à prendre un seul parti, à déconsidérer celui des autres. Si elle pénètre à fond les raisons d'un seul, c'est qu'elle subit à chaque instant la tentation d'exprimer celles de tous les autres. Car si elle veut rendre un objet distinct visible à l'œil de tous, elle sait bien qu'elle prend toutes ses forces en un sujet solitaire qui n'est ni plus ni moins que tous les autres. La « tendresse de pitié » est dans l'écriture comme le liquide dans l'eau, mais elle a aussi un tout autre aspect. Elle est la manifestation la plus autoritaire de l'esprit humain. Non seulement c'est elle qui dicte les règles de l'ordre social, c'est elle aussi qui distingue ceux qui sont aptes à formuler ces règles et, surtout, à les interpréter. Quant à l'écrivain lui-même, s'il refuse cet ordre qu'il juge trop élitiste, ou trop injuste, ou simplement trop inégalitaire, il ne refuse pas l'autorité que lui apporte l'écriture, toujours puisée à la source de l'ordre.

Quand la salle d'audience a eu fini d'entendre la bande magnétique, on rapporte que Daniel G. (l'accusé) a dit ces mots : « Je veux simplement dire que si l'on m'identifie au personnage qui ressort de l'écoute de l'enregistrement que vous avez transcrit, je demande la peine de mort. » Lui aussi, lui, l'auteur de l'enregistrement, subissait l'effet de l'audience. En fait, il s'était placé sous la protection du langage. Il avait imité le modèle littéraire et s'était mis à couvert sous son autorité. D'autres que lui avaient exprimé des intentions plus précises, plus cruelles même, et ils l'avaient fait dans des œuvres qui avaient appelé sur elles l'éloge ou encore l'admiration. Aujourd'hui, l'écriture le lâchait. Plus encore, elle se retournait contre lui. Elle mettait en mouvement toutes ses forces obscures, mais c'était pour le rendre encore plus vulnérable. Et il ne s'y retrouvait pas du tout. S'il avait emprunté cette forme, c'est parce qu'elle était une forme, et des plus prestigieuses, c'est parce qu'elle avait ce prestige et non pas parce qu'elle avait ce sens. Et voilà que brusquement l'écriture, qui lui avait servi de modèle, ne lui était plus d'aucun secours. Il avait apprécié en elle sa faculté de diviser artificiellement l'instant de l'émotion et d'étaler dans la durée le brusque transport du sentiment. En lui, tout cela était rassemblé, compact, informe. Ses lectures le lui avaient mis sous les yeux, mais délié, avec une netteté de contours, une fermeté de dessein et d'intentions qu'il n'aurait pas pu concevoir.

Dans sa vie, dans ses attitudes de tous les jours, dans ses contacts furtifs avec des femmes qu'il ne connaissait pas, il ne retrouvait pas cela. Il avait fallu qu'il se contraignît à exprimer lui-même quelque chose qui ressemblât à ce qu'il avait lu pour se convaincre qu'il était capable d'imiter le modèle, jusque dans l'action. En réalité, l'écriture (avec toute l'intensité de ses expressions) et lui avaient toujours été séparés. L'audience, pour la première fois, les confondait. Il comprenait qu'on allait lui faire la grâce de l'investir de la force qu'il avait admirée dans les livres et qu'il n'avait pas retrouvée en lui, mais il comprenait aussi que cette grâce si inattendue était son malheur, sa condamnation.

Trahi par l'écriture, il maudissait son auteur et les artifices auxquels il avait succombé. « Si l'on m'identifie au personnage... je demande la peine de mort. » Désormais, il voyait bien qu'il était pris dans un piège. Il comprenait à quel point l'audience appréciait la performance. Grâce à lui, on avait sous les yeux la grande articulation de la parole et de l'acte et on la tenait dans les meilleures conditions. Avec lui, on avait en effet affaire à quelqu'un qui avait réalisé ses projets, qui avait fait ce qu'il avait dit. Et cela, c'était déjà beaucoup. Mais ce qu'il y avait de mieux, c'est qu'il l'avait mal dit. Certes, il l'avait dit clairement, mais il l'avait dit sans art. La médiocrité de la forme, sa banalité, c'était tout ce qui était nécessaire pour goûter le passage de la parole à l'acte sans y être soi-même directement impliqué. Les spectateurs de l'audience, et le journaliste plus encore, avaient absolument besoin que l'expression soit pauvre, faible, très inférieure à son modèle.

Si tel n'avait pas été le cas, si l'expression choisie par l'accusé avait eu l'éclat et le brio du modèle admiré dans les livres, s'il avait fallu s'incliner avec respect devant la forme après avoir dégusté la sève de son contenu, le procès risquait de devenir dangereux. Toujours intéressant, mais menaçant. Il restait la ressource, si souvent utilisée, de détacher l'accusé de son œuvre, de lui dénier d'abord la capacité d'exprimer par lui-même les idées et les formes qu'on lui aurait reproché d'avoir volées. Il restait encore à décrire un petit homme, sans attrait, sans charme, sans importance physique. C'est à coup sûr à quoi l'on aurait assisté si le texte lu à l'audience avait pu se poser en authentique rival des œuvres du premier rayon.

S'il n'y avait pas eu cette faiblesse du texte, tombée à pic pour accentuer la médiocrité de son auteur, ça n'aurait pas été si facile de jouir de l'un tout en se dégoûtant de l'autre, on aurait été bien obligé de se demander pour quelle pieuse raison on ne l'avait pas fait soi-même. Car c'était bien ainsi. Dans l'article, cela suintait de partout, du commentaire et aussi du dessin qui l'accompagnait. Ce qu'il y avait de plus condamnable dans l'action montrée à l'audience, c'était la manière imparfaite dont elle s'était exprimée. La préparation psychologique à laquelle l'accusé s'était soumis avait plus d'importance et de poids que les faits eux-mêmes. Le véritable intérêt de l'affaire était là. C'est ce qui avait attiré l'attention sur ce procès. Non pas le sort malheureux des jeunes victimes, mais l'exposition publique du genre de plaisir que l'accusé était supposé avoir recherché. Lui qui avait puisé dans la littérature et dans la presse les sources de son inspiration se voyait élevé à la dignité d'un sujet d'actualité. S'il en était ainsi, cela n'était pas parce qu'il avait commis une faute exemplaire, mais uniquement parce que la diffusion de ses préparatifs mentaux suggérait l'idée qu'il avait usé du crime pour se procurer un plaisir. A l'évidence, dans ce sujet d'actualité, le vrai texte n'était ni le crime, ni la réprobation toute formelle du crime (servis comme prétexte), mais l'emploi de la littérature à une fin qui n'était plus littéraire, c'était la démonstration vivante que l'imagination était entrée dans la réalité. On accourait. Si l'accusé n'avait pas rougi de son texte, s'il l'avait assumé comme écrivain au lieu de le repousser comme criminel, s'il s'était félicité d'être passé de la parole à l'acte, son affaire eût obtenu un succès et un retentissement encore plus grands, mais cette fois sa personne, réduite au minimum jusqu'à présent, tenue pour négligeable – « Difficile cependant de s'emporter quand on a à faire à un accusé à ce point repenti » (journal *Libération* du 27 avril 1983) –, aurait fait l'objet d'attaques violentes. Pour deux raisons. La première est qu'il faut toujours avoir sous la main un motif élevé de montrer le crime, une cause d'indignation. Sans cette cause d'indignation – simple prétexte – la fréquentation du criminel devient dangereuse. La seconde raison est que le criminel est investi d'une sorte de procuration. Sa mission s'exerce entre l'idéal et la réalité. Il la remplit réellement s'il laisse la place au refus d'y adhérer. S'il n'atteint pas l'idéal, il doit pouvoir être ramené à la réalité. C'est pourquoi on lui fait comprendre qu'il n'a qu'un simple mandat, révocable à tout moment. S'il s'efface derrière le crime, s'il fait piètre figure, il peut continuer à jouer le jeu attendu de lui. S'il relève le défi au contraire, c'est la révocation immédiate. Dans l'affaire de Melun, l'accusé a eu une attitude exactement conforme à ce qui était attendu de lui. Il s'est fait humble, minuscule, dérisoire, de sorte que le crime pouvait être regardé et pleinement apprécié sans aucun risque. De cette façon, il n'a pas été nécessaire de s'en prendre à sa personne. Le travail avait déjà été fait, par lui-même. Mais cela fait comprendre quelle est la véritable nature des attaques portées contre la personne de l'accusé. Elles ne sont pas du tout destinées à exprimer une opinion exacte, ni même à faciliter le choix de la peine justifiée. Elles servent uniquement à côtoyer le crime, à tenter de l'approuver s'il est possible tout en refusant d'y adhérer s'il est nécessaire, à l'admirer sans l'accomplir. Si, dans cette affaire, l'accusé avait eu une autre attitude, s'il avait revendiqué le droit de jouir du crime dont l'exposition publique offre tant d'agréments, il aurait été aussitôt révoqué. Il serait devenu dangereux, non pas dans la réalité pour des victimes potentielles, mais pour les spectateurs du procès qui devraient alors se demander ce qui les distingue au fond du criminel.

C'est ce qui explique que le crime et la littérature entretiennent des relations si complexes, si tendues et si bizarres aussi. Alors qu'elle est pour le criminel un refuge, l'écriture déserte la justice. Rien de plus pauvre que le vocabulaire en usage pour décrire le crime. Pathos et charabia : quelques mots clés, une dizaine d'adjectifs, toujours les mêmes. Absence, inexistence de la pensée. Dans la plupart des journaux, la page judiciaire est ce qu'il y a de plus borné. La réflexion est comme suspendue, interdite. Toute la place disponible est pour le mélodrame, la grandiloquence. L'écriture, intimité désolée de la pensée, ne s'en mêle pas. La matière, les détails abondent mais rien n'est fait pour les rapprocher, les rendre à soi-même. Tout est volontairement laissé à distance. Il y a les sons, les bruits, les couleurs et on n'y comprend rien. C'est du grossissement pour aveugler. Catégorique. Péremptoire. On donne de la voix. On tape du poing. C'est la grande permission assertorique. Voleur, escroc, assassin, les gros mots, non seulement permis, recommandés, la langue ouverte, offerte, dans laquelle on puise sans effort. Ce n'est pas la nouvelle qui est sensationnelle, c'est l'élan qui emporte, auquel on ne cherche plus à résister. C'est la victoire de l'instant sensuel. Il n'y a plus à se maîtriser. On ne discute même pas. On frappe. Le corps, si contraint, a libre cours pour se mouvoir dans son élan, dans son désordre. Un cri, mais consensuel, qui fait l'unanimité. Au moment où on arrête l'assassin, c'est ce qu'expriment les mots du fait divers.

Pourquoi parler d'une désertion de l'écriture? Naturellement, elle est en retard sur la voix, sur l'œil et sur le geste. Elle diffère son message, elle met son auteur à l'abri d'une possible riposte, elle ne sait pas qui est son interlocuteur, quels sont les traits de son visage, tandis que celui qui parle a toujours quelqu'un en face de lui. Avec l'écriture, la carne est mise à l'écart, provisoirement cachée. Et dans le fait divers, c'est la carne qui exige d'être là, qui a besoin d'entendre, de voir et de renifler. L'écriture ne donne pas cela. Même les gros caractères, forcément attirés par les gros mots, ne sont qu'une pauvre imitation. Imitation? Même pas, puisque les signes n'imitent rien. Comme figures, ils ne valent pas grand-chose et même le sens ne compte guère s'il n'y a pas derrière, bien visible, l'autorité qui cherche à s'exprimer par eux. Dans le journal, c'est moins le sens qui importe que l'autorité qui concède à l'écriture le droit de l'exprimer. Rivée à cette seule fin, qui est de montrer la force, l'écriture du fait divers est nécessairement servile. Et même moins que cela. Elle est obligée de condamner sans preuve, moins par parti pris que pour faire sensation, au sens propre. Il faut que ça pue. Seulement, c'est un pari difficile à tenir car l'écriture du journal, comme l'expression de n'importe quel média, a quelque chose d'universel. Elle est pour tout le monde. On ne sait pas avec certitude à qui elle s'adresse, qui va s'en servir. Peu à peu, parfois même très vite, la force retombe, s'épuise et disparaît tandis que le sens reste. Les lecteurs qui voulaient savoir l'avis de l'autorité qui est derrière ne s'intéressaient pas beaucoup au sens, mais maintenant, le temps ayant passé, ils ne s'intéressent plus du tout à cette autorité, à ce pouvoir. S'il y a encore des lecteurs, il n'y en a plus que pour le sens. Et même, au moment où ce sens s'est exprimé, il y a une partie du public, à commencer par les ennemis de l'autorité, qui s'intéressait au sens et au sens seulement.

C'est à cause de tout cela qu'il y a une véritable désertion. L'annonce criminelle est tellement en concurrence avec la figure criminelle qu'elle cherche, tout comme elle, à satisfaire le maximum de sensations, mais elle ne peut pas se contenter de cela, c'est-à-dire de cogner. Elle laisse filtrer un sens plus ou moins volontairement, plus ou moins consciemment. Ce que le journaliste voit très bien en revanche, c'est que ce sens sourd doit être contenu et contrôlé. C'est donc de l'écriture, mais le moins d'écriture possible. Pourquoi ? Quand l'écriture s'en mêle vraiment, quand la préoccupation du sens prend le pas sur tout le reste, des rapports nouveaux apparaissent. On ne peut plus se contenter de transcrire les rapports connus, ceux qui sont le plus attendus, puisque désormais tous les rapports possibles deviennent peu à peu visibles. C'est l'écriture qui rend ces nouveaux rapports visibles. Elle ne peut pas faire autrement. Le récit serait totalement incohérent s'il n'y avait pas, de façon même superficielle, l'exposé de ces nouveaux rapports. Ou bien c'est un accident et, s'il n'est pas catastrophique, on n'en parle pas. Ou bien c'est un crime et alors on est bien obligé d'expliquer ce qui s'est passé. L'écriture, c'est-à-dire le travail d'un seul destiné à tous, ce pari que le moi solitaire va pouvoir exprimer des idées ou des sentiments que tous pourront éprouver, partager ou comprendre, pousse à la découverte d'une raison intime acceptable – mieux que cela : à la mise en évidence d'une attitude de compassion. C'est même encore un peu plus que cela. L'écriture tente une plongée en profondeur. Elle a absolument besoin – sinon elle n'existe tout simplement pas – de ramener à la surface des matériaux peu connus ou mal discernés jusqu'à présent. Le lecteur ne se laisse pas faire. Lui aussi, il a ce regard tourné vers lui et l'écriture ne l'intéresse pas si elle ne lui montre pas les choses qu'il sait et qu'il n'osait pas formuler jusqu'à présent. Plus le récit se fait précis et détaillé, plus l'acte criminel se rapproche, et plus il se rapproche, plus il devient innocent. Le rapport nouveau, à mesure que l'on découvre la situation où se trouvait le criminel au moment où il a fait ce qu'on lui reproche, fait passer de la sensation à la compréhension. La sensation se contente de notions simples et fortes. Chacun sait que les sentiments qu'il éprouve ne sont ni vrais ni exacts mais cela est tout à fait égal en regard du plaisir que ces émotions apportent. Or, justement, l'écriture est le contraire de la sensation. Elle n'a évidemment aucun sens si elle se complaît au niveau de la sensation. Chaque fois que l'écriture va à la rencontre d'elle-même, elle dégage un sens qui heurte, défie ou désoriente la sensation. Littéralement, le sens est toujours caché. Les sources du mystère ne sont d'ailleurs pas forcément pures. C'est aussi parce que l'écriture a partie liée avec l'autorité que le sens, par définition, est dissimulé. En tout cas, le narrateur du fait divers est constamment sur la défensive. Il perçoit tellement bien les dangers de l'écriture qu'il s'en sert comme d'un gourdin. Il frappe avec des images, des sons, des couleurs. Il fait un vrai travail de metteur en scène et s'arrange souvent pour que les gros mots employés à dessein voisinent avec des photographies qui n'ont rien à voir avec le fait divers : présentation de mode, jolie fille en maillot de bain. De la sorte, la nouvelle a quelque chance de devenir sensationnelle à la lettre. Ce travail de mise en scène et de simplification correspond bien sûr à une attente du lecteur qui n'en est pas moins systématiquement trompé. La chose écrite conserve sa valeur, sa force probante et son autorité alors qu'elle s'est complètement détournée de sa véritable nature. Ce n'est pas un hasard si les médias les plus friands d'une telle mise en scène sont aussi ceux qui affichent les idées les plus conservatrices et le plus de respect pour le pouvoir. L'écriture s'est tellement éloignée de ses bases, elle a tellement perdu sa force démonstrative qu'elle a absolument besoin de s'adresser à une structure qui la renforce. Procédant par simples affirmations, elle ne peut pas se passer de rendre visibles ses liens avec le commandement. Plus l'écriture est dénaturée, plus elle est servile. Plus elle est servile, plus elle a besoin d'être réanimée, maintenue en vie, par une force extérieure. Il n'y a donc pas à s'étonner que le journaliste, malgré qu'il en ait, soit plus proche de l'ordre qui intervient, qui arrête et qui sévit que de l'ordre qui conteste. L'écriture stérile n'est d'ailleurs pas l'apanage du narrateur de faits divers, elle se retrouve à peu près avec les mêmes caractères dans le langage politique. Ce qui est le plus fort, c'est que la liberté elle-même soit défendue d'une manière généralement aussi ronflante, redondante et emphatique. Des progrès sont sans doute à l'œuvre. Si tel est le cas, le domaine des faits divers restera encore longtemps le gueuloir des brutes.

C'est à se demander qui écrit. Est-ce bien celui qui

tient la plume ou n'est-ce pas plutôt celui qui *autorise* la publication ? D'elle-même, l'écriture a tendance à aller au cœur. Elle ne peut pas se contenter de décrire les faits, ou alors elle s'y emploie avec tant de soin et de sérieux qu'ils finissent par parler tout seuls. Quand elle ne se plie pas à cette discipline, elle cherche et elle trouve une raison aux choses. C'est inévitable, c'est sa nature propre. Plus peut-être, c'est son exigence. Elle n'a aucune raison d'être sans cela. C'est dire à quel point le journaliste doit tirer sur les rênes, briser son élan, pour empêcher l'histoire qu'il raconte de se montrer telle qu'elle est. C'est pourquoi, sans doute, il apparaît parfois si péremptoire dans ses jugements. La brutalité de ses verdicts lui apporte une espèce de compensation, elle est là pour le consoler d'avoir contrefait sa démarche et cassé son propre mouvement.

D'où vient la certitude que l'écriture conduit forcément à une connaissance plus profonde et plus intime des êtres et de leurs actions et qu'elle est obligée, pour éviter ce résultat, de s'aveugler volontairement ? Il faut donc admettre que l'écriture est créatrice de réalité. C'est une évidence qu'aucun écrivain ne conteste, même s'il explique rarement pourquoi. Pourquoi est-ce que ce qui est écrit est plus réel, parfois même plus vrai que ce qui est vu, senti, entendu ? Aujourd'hui, on a tendance à affirmer la même chose pour les images transmises par le cinéma ou, mieux encore, par la télévision. Mais c'est toujours la même explication. Les sensations, les émotions apportent des satisfactions (immédiates ! ?) d'une qualité et d'une intensité incomparables. Seulement, ces états sont précaires. Pis que précaires, ils sont douteux. On ne doute pas seulement de leur existence, mais aussi de notre capacité personnelle à les supporter sans faiblir. Ces états, si recherchés, constituent aussi une menace permanente. Le langage, quand il ne se contente pas d'être un message, est un refuge contre la menace d'être détruit par des sentiments qu'on n'aura même pas eu la force d'éprouver jusqu'au bout. Si le langage en dit moins, il le dit pour tout le monde et, surtout, il prend la peine de le dire. D'une certaine manière, l'événement raconté échappe à la précarité de l'événement vécu. Ressuscité par la volonté humaine, il perd aussi un peu de son caractère menaçant. Effets d'autant plus durables que le récit est entouré de plus d'autorité. L'autorité du récit a très exactement les limites de son auditoire. Il transforme en force ce que celui-ci lui apporte en nombre. C'est son audience. Comment la développer et, avant tout, la conserver ? La question devient très vite politique. Car il n'y a que le pouvoir politique qui a les moyens physiques et légaux de diffuser une information universelle. Toujours, le pouvoir a l'ambition de s'emparer des médias, mais c'est un fait aussi que les médias ont celle d'exercer le plus de pouvoir possible. C'est le versant autoritaire de l'écriture, dont les premières apparitions sont inévitablement des décrets. D'abord, c'est l'écriture qui dit ce qui est bien ou mal et qui commande. C'est bien ou c'est mal selon ce que le plus fort a dit. Au début le plus fort, le plus costaud n'a absolument pas besoin de l'écriture, il lui suffit de taper. Mais il est évident qu'il ne peut pas conserver les avantages que la force lui a procurés s'il n'édicte pas des règles destinées à justifier la possession durable de ces avantages. C'est à l'écriture qu'il va confier le soin de dresser l'inventaire des biens obtenus par la force. C'est elle aussi qu'il va charger de définir les modalités du partage et de la transmission.

Parce que le fort a besoin d'elle, l'écriture montre d'abord son aspect autoritaire, mais le faible ne tarde pas à apprendre à s'en servir lui aussi. C'est bien son droit et l'écriture se prête à l'exercice de ce droit car elle est condamnée à avoir un sens universel, c'est-à-dire un sens que le fort peut difficilement garder pour lui. Seulement, l'écriture conserve la trace de ses origines dans les décrets du fort. C'est le travail de l'écrivain d'imiter la forme de ces décrets pour essayer de leur faire dire, au fond, un peu plus que ce que le fort avait prévu. L'écriture se détache de ses marques, mais ses marques la poursuivent. L'écriture, avant tout, est faite, conçue pour ordonner. L'écrivain est amusant, qui fait croire qu'il mène le combat de la liberté. En réalité, ce qui lui plaît dans son travail, c'est qu'il s'empare des armes du fort et qu'il apprend à s'en servir aussi bien ou mieux que lui. Il n'a pas la force, mais il sait manier l'écriture et il espère bien que le fort aura besoin de lui quand sa force sera menacée. On n'est pas auteur (autorité) pour rien. Le premier combat de l'écrivain, c'est celui de l'autorité. Ce n'est qu'après que viennent les vertiges de la pensée. Le travail en plus. Ce qui est nécessaire pour décaper, se libérer des tâches de maintien de l'ordre et s'essayer à autre chose, toucher un peu de réalité. Les deux enjeux de l'écriture sont bien là : se mettre du côté de ceux qui dirigent, se réaliser avec ça et après, après seulement, montrer un petit quelque chose en plus, un petit morceau de réalité.

Quand l'écrivain ne voit pas à quel point il est en danger de se mettre au service de celui qui commande, de le servir comme un laquais répugnerait à le faire, l'écriture ne se sort pas du piège, de la saleté de ses origines. C'est lui qui dit : ici est le bien, ici est le mal, comme s'il était capable de les distinguer avec d'autres critères que les intérêts qu'il sert. Quand l'écrivain ne se bat pas pour lutter contre cette tentation de chaque instant, c'est toujours la loi et l'ordre qui gagnent. Et la loi, à ce stade où l'écriture renonce à une partie d'elle-même, ce n'est que de la sensation prise dans de la glace. A l'égard de l'écriture, la justice subit les mêmes contraintes que la presse. Elle a besoin, comme la presse, d'user de sensations. Elle repose là-dessus. Après, elle cherche à faire croire que son rôle est de dominer les sensations, d'en dévier le cours et de les surmonter ainsi. Ce n'est pas exact. L'écriture judiciaire, ou plutôt l'écriture policière, car la seconde n'est qu'une imitation élégante de la première, est un tableau des matières, un index. Elle s'enferme dans ce travail, tout de désignation. Les policiers suivent un enseignement pour cela. Ils doivent connaître le nom des choses. Ensuite, écrire c'est entasser. On nomme les choses, ce qui n'est que l'autre façon de les mettre sous la loi, on les accumule et on s'arrête. C'est de l'écriture et, en même temps, ça n'en est pas. C'est une tension permanente pour empêcher celui qui se sert des mots d'exprimer le sens où le conduit l'autre partie, la partie désobéissante de l'écriture. La presse judiciaire entasse les matières, elle aussi, mais c'est avec le plus de gros mots possible. L'écriture judiciaire *fait* comme la presse. Elle *fait,* sans les gros mots. C'est une chose qui étonne au début et puis plus rien, une conspiration silencieuse finit par l'accepter. Qui écrit les procès-verbaux de police ou de justice ? Qui en est l'auteur ? Est-ce celui dont on recueille les déclarations, est-ce celui qui les signe ? Pas du tout. C'est le policier, c'est le magistrat, c'est celui qui les enregistre.

Le premier combat de celui qu'on accuse est un

combat pour la possession de l'écriture, pour échapper à cet espace désert qu'elle a créé, avec simplement, dans les coins, des entassements d'immondices. Alors que le domaine judiciaire laisse une si grande place à l'écriture, lui ouvre un véritable terrain d'action, l'écrivain en général lui tourne le dos. De ce point de vue, la lâcheté ordinaire du littérateur atteint des sommets. Peur panique de l'écrivain devant le fait divers. Laisse-t-on la justice faire son travail? Fadaises! On laisse hurler les loups, les mots faire la brute, la saleté l'emporter sur tout le reste. On se venge d'écrire si peu, d'écrire si mal.

L'effet dominateur d'une écriture asservie à sa fonction est décuplé par le rôle occupé désormais par la publicité dans nos vies. Qu'est-ce qui est bien, qu'est-ce qui est mal? C'est la publicité qui le dit. Non pas du tout dans le sens où les produits vantés par la réclame seraient bons et les autres mauvais. Ce qui est bien, c'est ce dont on parle. Ce qui est mal, c'est ce dont on ne parle pas. C'est l'axiome moral devant lequel nous nous inclinons tous. Le plus fort est celui dont on parle le plus, celui qui est un sujet d'actualité permanent. C'est celui qu'on regarde, qu'on imite, qu'on admire, c'est celui-là qui commande. Et s'il jouit de ses pouvoirs, il en jouit moins pour eux-mêmes que par rapport à son existence personnelle qui est comme justifiée, réalisée par l'admiration qu'on lui porte.

De ce point de vue-là aussi, de ce point de vue-là surtout, le grand crime est du bon côté. Avant tout, le grand crime, parce qu'il est un sujet d'actualité, parce qu'on en parle beaucoup, c'est bien.

Transformé par une écriture soumise, stérile, porté – pendant un instant – au plus haut degré de publicité et de célébrité dont les médias sont capables, le grand crime est un modèle de vertu. S'il est très grand, s'il sort vraiment de l'ordinaire, il fera se déplacer celui qui commande le plus. Celui qui a le plus de publicité, le chef lui-même, finira par avoir son mot à dire.

On ne peut pas comprendre autrement le rôle de la presse dans la belle affaire judiciaire. Pour l'accusé, ce dont on parle, ce qui est bien par conséquent, c'est son affaire à lui, et c'est à lui qu'elle appartient le moins. C'est un lieu commun de dire que son affaire lui échappe, mais il reste à montrer de quelle façon et à se demander s'il a les moyens de la reconquérir.

Elle ne lui échappe pas du tout comme s'il s'agissait d'une chose à lui dont on viendrait à le déposséder. L'accusé, ou pour mieux dire le porteur de l'infraction (comme on dit d'une expédition qu'elle a des membres, des guides et des porteurs), ne s'attendait pas à ce que son affaire occupe une place si brillante dans l'actualité. Il la voyait comme une chose plus simple, plus triste et beaucoup moins significative. En tout cas, il était loin d'imaginer qu'elle allait faire naître autant d'intérêt et de convoitises.

Les journaux, les télévisions, les radios s'occupent désormais d'elle tous les jours et, pour ainsi dire, à chaque instant. Les portes sont ouvertes sur un monde qui paraissait inaccessible, celui où se rencontrent les puissants dans la promiscuité des grands événements. On laisse passer l'affaire. Elle a la priorité sur d'autres sujets dont l'importance pourtant n'est pas négligeable, mais il faut faire des choix et le choix se fait en faveur de la belle affaire. Toutes les difficultés qu'on avait pu rencontrer naguère pour retenir l'attention sur soi ont évidemment disparu, mais c'est au contraire un irrésistible courant qui emporte vers soi les innombrables témoignages de haine et de sympathie.

Qu'y a-t-il de changé ? Tout. Rien n'est plus pareil. Les regards, les gestes, les expressions ne sont plus les mêmes. C'est d'abord, et pour longtemps, une nouvelle forme de contact physique. Plus présent, plus appuyé, plus fervent. C'est pour toute la personne, qui s'en imbibe, un bain de curiosité et de respect. L'expansion ainsi offerte à l'amour de soi par tous les moyens publics a son équivalent dans les démarches du procès qui commence. On ne se déplace plus qu'avec une garde armée, escorte voyante et bruyante qui fait céder le passage. Le magistrat chargé de l'affaire se plie volontiers aux exigences de police car elles matérialisent son importance. Les uniformes, les armes, les menottes réalisent, bien au-delà de ce qui est nécessaire, ce rêve de chacun : la force reste à la loi. Beau spectacle en vérité, bien réglé pour susciter les émotions les plus lâches et favoriser tous les excès d'une brutalité qui se croit légitime. Une telle mise en scène correspond rarement à un vrai besoin de sécurité. En revanche, elle est tout à fait utile pour livrer la personne de l'accusé à cet ensemble d'intérêts et de convoitises que la justice s'oblige à satisfaire.

L'intérêt des magistrats, c'est d'abord un intérêt de carrière. Ils ont rarement à se plaindre d'avoir été désignés pour suivre la belle affaire : c'est une vie quotidienne plus facile, un travail par ailleurs allégé, un regain de curiosité venu de leur entourage, un mélange de jalousie et de considération de la part de leurs collègues, une attention bienveillante et inquiète de la part de leur hiérarchie. Tout cela est important pour l'avenir. Ce n'est sans doute qu'une étape, mais c'est une étape indispensable. Et pourtant, cela n'explique qu'une petite partie du grand intérêt suscité : c'est un corps offert, une personne soumise. Un désir de possession, que favorise une communication facile et qui est tout à son confort, protégé par des raisons élevées. Car elle est très facile, la communication entre le juge et l'accusé. Il tient celui-ci dans son pouvoir et il s'intéresse à lui. Chacun a besoin de l'autre. Difficile d'imaginer des conditions plus favorables pour un couple. Mal assorti ? Pas tant que cela, et sûrement pas du côté qu'on imagine. Ah! certes, ils ne se ressemblent généralement pas. Est-ce que cela compte dans ce face-à-face où l'accusé apporte au juge les grands airs de la notoriété et de la liberté ? Il n'entre pas seul dans son cabinet. La réputation acquise par l'affaire tient plus de place que lui. La fureur, l'idée d'un désordre ont déjà forcé l'opinion du juge. C'est un espace humain limité qui se présente et qui doit contenir tout cela. C'est différent de ce que le juge attendait. Sa personnalité à lui éprouve un trouble. Cet être-là était tout à l'heure assez puissant pour faire parler la rumeur. Maintenant, il va falloir qu'il se plie au tempérament du magistrat. Le juge a le choix. Il peut dominer une réaction de mépris ou de haine ou refuser de s'abandonner à la compassion, mais il n'est pas libre de demeurer inerte. Le choc est aussi violent pour lui que pour l'autre et ce choc lui procure un bienfait. Dès les premiers instants, avec les premières mesures à prendre, c'est sa propre demeure de vie qui est ébranlée. Quel que soit le poids des habitudes, chaque décision lui donne le sentiment qu'il inscrit ses propres idées dans le corps d'un autre. Imagine-t-on aisément possession plus intime ? L'accusé le moins lucide finit tôt ou tard par se rendre compte qu'il est un instrument pour le bonheur du juge. Après le succès public remporté par l'affaire, c'est un nouveau retournement. Pour la seconde fois, il a l'occasion de se rendre compte qu'il transmet des valeurs positives.

Du côté des avocats, les convoitises s'étalent de la manière la plus éclatante. La belle affaire agite très fort la marionnette. Sous des dehors indifférents, c'est à une assez impitoyable compétition que se livrent les appelés possibles. Presque du dumping. Les meilleurs, ou réputés tels, on les a pour rien. L'accusé marque un point de plus. Désormais, il a des courtisans. Ici encore, l'axiome moral a joué à fond. Le critère public est si puissant que chacun finit par admettre que le bon avocat est celui dont le nom apparaît souvent. Préoccupation dérisoire qui n'est pas plus ridicule chez l'avocat que chez tous ceux dont les activités se déploient plus ou moins en public.

Plus significative est la nature des liens qui se nouent entre l'accusé et celui qu'il s'est choisi pour défenseur. C'est une relation essentiellement équivoque. Apparemment, leurs intérêts se confondent. Ils luttent ensemble pour obtenir une déclaration d'innocence. Jusque-là, tout est simple. Mais quel est le but véritable que poursuit l'avocat ? S'il a vraiment la volonté de faire échapper celui qu'il assiste à la sanction, pourquoi s'interdit-il certaines actions et le recours à des moyens illicites ? Certains d'entre eux le font, mais cela n'est pas significatif car ils ne revendiquent jamais le droit de le faire. En réalité, les intérêts sont distincts. C'est la source d'un perpétuel malentendu, mais c'est surtout pour l'accusé l'occasion de se demander par quelle aberration du système son compagnon de route peut tirer profit (l'intérêt d'argent n'est certainement pas l'intérêt principal) des actes illégaux qu'on lui reproche sans risquer de subir la contrepartie pénale. La question est naturellement nuancée par des considérations plus techniques dans la mesure où l'intervention de l'avocat se révélera utile, mais le fond de l'interrogation demeure. Avec ce sentiment, qui se développe de plus en plus, que l'acte criminel contient en lui-même une valeur d'usage dont on cherche à le déposséder partiellement. L'attrait, même s'il existe (on parle parfois – à tort et à travers – de fascination), n'est pas ici en cause. Ce qui crée la rivalité et renforce l'impression de dépossession éprouvée par l'accusé, c'est le travail de justification accompli par l'avocat. C'est un travail qui repose sur l'analyse des rapports d'une situation et d'une personne. Il tend à épuiser toute la ressource de la situation pour démontrer, ce qui est très généralement le cas, que la part criminelle supportée par l'accusé n'est qu'une petite partie dans un ensemble qui l'explique et l'excuse. Il arrive, quand ce travail n'est pas médiocrement accompli, que la part criminelle n'ait besoin ni d'explication ni d'excuse et qu'elle impose sa légitimité. Le plus souvent, la démonstration emploie des moyens détournés car le regard hésite devant une réalité si puissante, mais il n'est pas du tout nécessaire que les choses soient dites clairement pour que les sentiments qu'elles suscitent soient éprouvés. Maintenant l'accusé est pris dans un concours d'interventions et d'initiatives personnelles qui se font avec lui, certes, mais sans lui aussi. Ce qui se forme en dehors de lui, c'est la conviction que l'action menée pouvait mériter de l'être, qu'à certaines conditions, qui n'étaient peut-être pas tout à fait remplies mais qui auraient pu l'être, elle aurait valu à son auteur louanges et considération. La démonstration prend, ou essaie de prendre, valeur d'exemple alors que l'accusé ne se soucie nullement des références auxquelles on le renvoie. Il ressent le besoin impérieux d'être seul, quitte à demeurer à l'écart ou à ne pas se faire comprendre. Il voit trop bien qu'il se fait un exorcisme à côté de lui. Il ne refuserait peut-être pas de servir à cela si ce service ne devait pas être payé du prix de son absence.

On se chamaille fort pour occuper la scène à sa place et recevoir les bravos. Ce théâtre, qui lui donne la nausée, ne le concerne décidément pas. Il a tout à fait compris désormais que l'affaire pourrait se jouer sans lui, qu'elle remplirait pareillement son office, qui est d'amener le crime au bord des lèvres de tous ceux qui veulent seulement y goûter.

Cette fois, il faut écrire. Ils sont très nombreux ceux qui s'essaient à jeter la mélopée sur la page comme si la justice était maîtresse de style, acoquinée avec une maison d'éditions. La marmaille littéraire ne les attire pas spécialement. Ce qu'ils veulent, c'est faire sortir la pensée de son trou, en finir avec la trahison d'une écriture coquette, la confondre.

Au fond, l'ennemi, c'est l'art. Il montre les ébauches, il donne des élans. Ça commence, ça recommence, ça ne finit pas. Les maîtres mots : la recherche, l'effort, le déséquilibre. On monte, on est sur la pente, pour une longue marche, le but s'éloigne, peu importe, la marche vaut bien le but ou même mieux peut-être. Il y avait aussi une formule, l'art pour l'art, la forme, l'outil, plus souples, plus harmonieux, plus à sa main, plus acérés. Les discours venus des cabinets d'écriture, des ateliers de peinture, des studios de cinéma, pieusement conservés, si pareils, dogmatiques dans leurs incertitudes. D'où vient l'argent ? Qui finance le beau langage, discret dans son velours côtelé ? Mais ça c'était quand on les voyait, avec leurs beaux visages usés, sur le papier photo en noir et blanc, mat, avec, à côté d'eux, une jeune femme (jolie la fille) et un chien. Si on regardait la toile, la pellicule, si on lisait l'histoire, alors c'était bien autre chose. Ils ne se ménageaient pas là-dedans. C'était concret, leurs histoires. Après une préparation élégante pour les costumes, on revenait toujours au même thème : chacun pour soi et la meilleure façon d'en finir avec l'obstacle ou avec l'amour, c'était d'éliminer le voisin. Calme, pondéré dans l'introduction, le temps de se mettre en selle et puis au galop jusqu'à ce qu'on soit tout à fait emballé, l'héroïne sur la croupe, et cravache! La sueur coule du front, la lame brille entre les dents, ou bien c'est l'odeur de la poudre qui affole la fille pour qu'elle s'accroche un peu mieux. Ils n'ont pas galopé pour rien. Dans la poussière, au bout du chemin, les mauvais sont en vue. Mais on n'est pas encore assez près. On veut voir les visages des autres, déformés par la peur. Leurs chevaux courent vite aussi, pas assez cependant. On se rapproche du gros plan. Quel est le bon moment pour voir la lame? Est-ce quand le type avec la fille la lance ou bien quand celui qu'ils poursuivent la reçoit? Le voilà désarçonné et le sang jaillit. Ah! naturellement, c'est souvent plus compliqué. Ça se passe ailleurs, on explique où, on donne les détails qui font vrai, les robes qui font ressembler les femmes à des juments, il y a un empereur et une révolution qui le menace. Au bout de l'histoire, on arrive au même compte : très peu de survivants. Ça n'est pas la quantité qui intéresse, c'est la manière, les préparatifs, les raisons qui ne se discutent pas, les bons motifs de se débarrasser de l'autre. On s'appuie sur l'imagination, pour avoir le plus de temps et d'espace possible, mais le grand moment, c'est celui du passage, quand on sort de l'imagination justement pour entrer enfin dans l'action. Les moyens d'accès sont innombrables. On le sait d'avance comme à guignol quand les enfants voient Gnafron s'avancer derrière la mère Michu, qui, elle, ne se doute de rien. Ou bien c'est imprévisible. On était prêt à tout, sauf à cela. Au sein même de la famille, dans le plein règne de la confiance. L'effet de surprise ici, l'effet de calcul là jouent à peu près le même rôle. C'est le moule aux mesures de la plus grande émotion. Un récit qu'on se prête à soi-même pour épancher le trop-plein de peur qui ne nous quitte jamais. Eux aussi, nos héros, ils ont peur, mais ils quittent la chambre. Nous les suivons pas à pas, éloignés de nous dans l'action, restés proches par la peur. Leurs motifs peuvent nous surprendre ou nous déplaire, pas leurs actes. Le passage par où ils s'enfuient, par où nous aspirons à les voir s'enfuir, garde son mystère. Il leur est extérieur. Ils sont pris dedans mais, sur ce passage, ils n'ont aucun compte à nous rendre. Est-ce la fin ? Pas forcément. La sortie, oui, toujours. Il faut errer, hésiter, chercher, lutter contre un poids, une force, des ombres, un mur. On peut pousser, soulever, casser, briser, arracher, ou bien encore ruser, biaiser, contourner l'obstacle et mieux le vaincre, après tant d'efforts, si nécessaires. Un instant, la respiration est meilleure dans l'illusion de la lumière, de l'horizon où l'œil s'évade. On est à la bonne taille, apaisé.

Passage à l'acte! c'est la formule qu'ils emploient. Éducateurs, psychiatres en tous genres et, derrière eux, les juges. Ils disent : tendance au passage à l'acte et, s'ils le disent, ils ont dit l'essentiel. Pas de murs assez hauts pour empêcher cela, pas de prisons assez hermétiques. Est-elle assez bizarre et inquiétante, cette personnalité qui passe à l'acte, qui ne se retient pas ? Conçoit-on quelque chose de plus anormal et, surtout, de plus dangereux ? Quel homme est-ce pour se lancer dans une pareille aventure ? Passer à l'acte, se mettre en mouvement, échapper à sa propre inertie, aller de l'intention à la réalisation, quoi de plus incongru ? Nulle critique ne s'élève, personne ne s'interpose devant la malédiction; on se le chuchote, puis on le proclame, il est de la catégorie qui *passe à l'acte*, c'est pire que la lèpre. La cause est vite entendue.

Et pourtant! Partout où on laisse à l'esprit la place et le temps de s'arrêter, même un instant, c'est, dans le récit, dans le roman, dans le film, dans le morceau de musique, la même montée d'impatience et de désir, l'appel, le vertige vers le basculement de forces trop contenues. Un tel ébranlement se fait parfois contre notre volonté. Nous avons dressé devant lui maints obstacles, mais nous les franchissons sans peine, poussés par cette nécessité intérieure dont la fiction est si friande et à laquelle nous avons tous l'irrésistible envie de céder. Il n'y a pas d'œuvre d'art, si modeste soit-elle, qui n'ait essayé, sous une forme ou sous une autre, de donner de ces états une représentation intelligible. C'est même le but de l'œuvre d'art en général de réunir, dans une forme à laquelle on ne touchera plus, l'élan qu'on ne peut saisir et le geste qui le fige. On voit bien que l'arrêt sera de courte durée, que le mouvement – qui impose sa loi – reprendra rapidement le dessus, mais il est impossible de réfléchir et, pis, de vivre tout simplement, sans s'entretenir de l'illusion que l'impulsion qui est en nous trouvera à s'exprimer et surtout à se contenir dans les limites qui lui conviennent. Ces limites, toujours reculées, c'est la forme de l'œuvre, c'est la pensée en acte, c'est le moment même de notre vie qui nous en fait découvrir le sens et que nous cherchons à conserver dans une lutte sans fin et comme perdue d'avance.

La violence physique est sans doute sa manifestation la plus fruste, mais elle n'est pas d'une nature différente de l'ensemble des tentatives auxquelles nous confions, ou cédons, le soin de nous porter au-delà de nous-mêmes, de nous mettre à l'extérieur de nos limites et de nous rassasier d'un peu de réalité. Traiter le passage à l'acte comme un comportement anormal, ce n'est pas seulement en dénaturer le contenu, c'est nier le besoin que nous avons tous d'en découdre avec notre propre mort avant d'être anéantis par elle.

Au moment du crime, cette pensée si commune n'ose plus du tout s'exprimer. L'écriture a bien déserté son domaine. Il n'y a plus que la saleté qui règne et les gros mots pour rameuter le monde.

La désertion, la trahison sont d'autant plus perceptibles que l'œuvre d'art a le plus souvent valeur d'exemple. Elle a le succès d'un modèle et excite à se comporter selon ce qu'elle raconte ou montre. Quand elle met en valeur le passage à l'acte, quand elle le décrit comme le meilleur emploi de l'énergie individuelle, elle prend une responsabilité morale. De fait, elle est suivie, imitée. Cependant, quand le crime est là, s'il se réclame d'elle, comme il en a le droit, elle prend la fuite.

L'œuvre d'art n'est pas grand-chose si elle n'aide pas à faire comprendre que nous n'occupons, à titre individuel, dans les événements auxquels nous sommes mêlés, que la très petite place que ceux-ci nous laissent quand leur signification s'obscurcit. Nous restons spectateurs de nos actes, dans la proportion d'une signification qui apparaît après coup. Pourquoi faut-il que cela soit différent pour le crime? Là, sur un fond de saleté dans les choses, le sens de l'action et la liberté dont on veut que son auteur ait joui apparaîtraient brusquement! Il n'y aurait qu'à regarder et à punir.

7

LACENAIRE EST PARMI NOUS

Simplification grotesque! Elle a la vie dure parce qu'elle est utile. On se souvient très peu de Lacenaire. Il a été guillotiné en 1836. Ses *Mémoires* ont été publiés après sa mort par un éditeur peu scrupuleux qui s'est permis de le censurer au nom de la morale et de la religion. L'exemplaire unique de la première édition est conservé à la Bibliothèque nationale sous le titre *Mémoires, révélations et poésies de Lacenaire, écrits par lui-même à la Conciergerie.* Cette première édition est parue au début de l'été 1836 (l'exécution avait eu lieu en janvier) et a été entourée d'une certaine publicité, puisqu'elle a été annoncée dans la presse dès le mois de janvier. Pour donner une idée de l'idée qu'on se faisait de Lacenaire à l'époque, il suffit de lire les quelques lignes que lui consacre *la Revue de Paris* [1] : « Mais pour descendre encore plus bas, s'il est possible, nous signalons un autre délit qui appelle toute la sévérité des lois. Déjà, sur

1. Texte cité par Monique Lebailly dans sa présentation des *Mémoires*, Albin Michel, Paris, 1968. L'édition présentée par Monique Lebailly ne contient pas seulement le texte de Lacenaire mais de nombreux documents de l'époque très utiles à la compréhension de celui-ci.

l'énergique réclamation du *National,* dont la bonne foi avait été surprise par une annonce de librairie, je ne sais quelle impure exhumation du marquis de Sade a été livrée à la vindicte publique. Nous avons lu ces jours passés, dans un journal, l'annonce de la publication des *Mémoires* de Lacenaire, l'homme qui a inventé la métaphysique de l'assassinat! Ah! étouffer au berceau ces abominables spéculations, et qu'il nous suffise de les dénoncer hautement pour en obtenir la répression. » Heureusement pour lui, Lacenaire savait écrire. Cela n'aurait pas suffi à empêcher les lettres de le trahir. Le style de l'époque a beau nous éloigner un peu de son texte, il suffit de comparer le portrait qu'on donne de lui dans les journaux avec son récit à lui pour voir que les grandes masses qui définissent la fonction utilitaire du crime n'ont pas beaucoup changé.

L'enquête a été menée par l'officier de paix Louis Canler qui devait devenir en 1849 chef du service de sûreté : « Le 14 décembre 1834, un crime horrible jetait l'épouvante et l'effroi parmi les habitants d'un des quartiers les plus populeux de la capitale. Une vieille femme, la veuve Chardon, demeurant avec son fils, rue Saint-Martin, passage du Cheval-Rouge, était trouvée assassinée dans son domicile, et la même main qui avait frappé la mère avait aussi frappé le fils. Leur logement était composé de deux chambres ayant chacune une fenêtre, l'une donnant sur la rue Saint-Martin au-dessus de l'entrée du passage, l'autre sur le passage. Dans la première pièce, le fils Chardon était étendu au milieu d'une mare de sang; une hache ensanglantée, abandonnée non loin de lui, et la manière dont la tête était fracturée indiquaient assez comment le crime avait été commis. Dans la seconde pièce, on trouvait le cadavre de la mère, mais étendu sur le lit; il était recouvert d'oreillers, de draps et de couvertures, comme si le meurtrier eût voulu s'en épargner la vue. Partout, du reste, les meubles fracturés, les serrures forcées, le linge bouleversé attestaient hautement que le vol avait été le premier mobile de l'assassinat, et que l'un et l'autre avaient été consommés. » La narration du policier contient tous les ingrédients encore utilisés aujourd'hui pour des affaires de ce genre. Le crime est « horrible », il jette « l'épouvante ». La façon dont les meurtriers ont agi montre à quel point ils sont féroces. Enfin, le mobile est crapuleux. On a tué pour voler.

Or, une chose va arriver. Lacenaire reconnaîtra la responsabilité matérielle de ces actes, mais il démontrera que toutes les affirmations déduites de la description de ces actes sont fausses.

D'abord le mobile : « Croyez-vous donc que c'était l'appât de l'or que je devais trouver chez Chardon qui m'avait poussé ? Oh non! c'était une sanglante justification de ma vie, une sanglante protestation contre cette société qui m'avait repoussé; voilà quel était mon but, mon espoir. » Bien sûr, cette affirmation n'a pas en soi une très grande valeur. C'est l'ensemble des déclarations de Lacenaire qui la vérifie. D'une façon générale, il ne s'est cherché aucune excuse. Il n'a pas considéré que l'absence de véritable mobile crapuleux rendait les meurtres moins condamnables. Il n'a demandé au jury aucune bienveillance.

La véracité de son affirmation résulte de cette attitude ainsi que de toute son histoire personnelle.

Son père, partisan de l'ordre, ennemi de la Révolution, était issu d'une famille franc-comtoise de cultivateurs aisés. A vingt ans, il quittait cette famille pour aller vivre à Lyon. « Il avait, écrit Lacenaire, absolument tout ce qu'il fallait pour réussir dans le commerce de Lyon, tel qu'il était à cette époque. Laborieux, tenace, sobre, économe, sédentaire, aussi ennemi des novations que des plaisirs les plus innocents, il dut plaire à ces négociants routiniers, qui faisaient alors le commerce comme on fait du pain aujourd'hui. Aussi, après avoir passé par tous les grades subalternes, il devint tour à tour teneur de livres, chargé de la correspondance, puis enfin associé de la maison Albert Frères, marchands de fers en gros, à Lyon. » A quarante-sept ans, toujours célibataire, il était riche. La mère de Lacenaire avait dix-huit ans quand son père l'épousa. « Je n'ai jamais connu de femme plus sincèrement dévote sans bigotisme, plus profondément vertueuse sans pruderie, plus sensible aux peines des autres, plus indulgente pour leurs défauts et plus résignée dans ses propres souffrances, qu'elle a toujours dissimulées autant que possible à celui qui l'en a abreuvée toute sa vie, même en la chérissant. »

Il est le second des garçons. Il a quatre sœurs. Il n'est pas élevé par sa mère, mais par une nourrice. Il se souvient qu'il était un enfant gentil, tendre, désireux de voir tout le monde heureux autour de lui. Un conte de fées. « Il semble que la nature se soit fait un jeu cruel de rassembler en moi tous ses dons et les plus précieux pour me faire parvenir à ce que le monde appelle le comble de l'infamie et du malheur. » Il observe que son frère le précède dans l'affection de sa mère et même l'évince. Il y voit l'une des causes de la formation de son caractère d'adulte. « Lorsque je fus convaincu que rien ne pouvait me gagner le cœur de mes parents et les faire revenir de leur partialité pour mon frère, je descendis dans ma conscience et je me demandai, de bonne foi, s'il y avait de ma faute; ma conscience me répondit que non; alors je cessai tout à fait de m'en affecter, et je me raidis contre leur froideur. Dès ce moment mon cœur fut fermé à mon père, et s'il n'en fut pas de même pour ma mère, c'est qu'un fils ne peut jamais cesser d'aimer sa mère. »

Ce sentiment de première injustice (le frère aîné préféré et favorisé) n'altère pas du tout son jugement. Après les premières années passées à la campagne, la famille s'est installée à Lyon même. Le petit Lacenaire et son aîné fréquentent tous deux le lycée de Lyon. Le plus jeune est cependant le plus doué pour l'étude. L'aîné est même si mauvais élève qu'il doit quitter le lycée. Pour ne pas lui laisser sous les yeux le spectacle des succès scolaires de son brillant cadet, les parents décident d'envoyer celui-ci à la pension de Saint-Chamond. Il y reçoit une éducation religieuse qui ne lui déplaît pas. C'est dans cette époque que se situe le malheureux enfantillage dont le récit démontre une fois de plus que Lacenaire a écrit des *Mémoires* sincères.

Les garçons savaient que leur mère mettait de côté régulièrement quelques pièces distraites des frais du ménage. Elle les rangeait dans une armoire dont elle conservait la clé. C'est l'aîné qui a l'idée de s'emparer une première fois de ces quelques économies. La mère s'en aperçoit. L'aîné laisse accuser le plus jeune et se sert de la confiance dont il jouit pour se faire révéler l'endroit de la nouvelle cachette des clés. Désormais, il peut en toute impunité voler régulièrement sa mère, en se faisant aider au besoin par le plus petit.

Lacenaire considère que ces vols ont eu une grande influence sur sa conduite ultérieure. A-t-il la tentation, après avoir décrit le rôle joué par son frère, de l'accuser pour atténuer ce qu'il juge être sa propre faute? Il n'y cède pas. Il dit de ce frère qu'il était « un enfant gâté, fort égoïste, mais nullement méchant ».

L'incident lui donne plutôt l'occasion d'expliquer ce qu'a été son évolution personnelle. Bien qu'il se « sente assez mauvais juge dans sa propre cause », il expose ce qu'il appelle son « système » : « Toutes les fois que j'ai eu à commettre une action hors des usages, des préjugés, des convenances et même des lois de la société, je me suis toujours interrogé avec bonne foi, et je me suis demandé si j'avais tort ou raison. Une fois convaincu que la justice était de mon côté, je marchais à mon but sans hésitation et sans crainte. Et si j'ai souvent commis des actions qui étaient et me paraissent condamnables en elles-mêmes, c'est qu'elles m'étaient devenues absolument nécessaires, et je me rendais encore la justice que ce n'était pas de ma faute si je me trouvais dans cette position extrême. Triste excuse pour la société et pour moi! »

Quand Lacenaire écrit cela, il est à la Conciergerie, à la veille de son exécution. Il ne plaide pas, il ne cherche pas à convaincre. Il se contente d'exposer les mécanismes qui, selon lui, l'ont préparé au crime. La lucidité, la franchise du propos ne l'amènent jamais à justifier le crime ni à surmonter la répugnance que la violence lui inspire. Il écrit, et désormais on sait pourquoi on peut le croire : « Oui, moi qui ai tué, voulez-vous que je vous dise une chose : je n'ai jamais pu voir souffrir de sang-froid un être animé, quel qu'il fût. » C'est dit, et c'est même répété. Et c'est le même homme qui va revendiquer sa part physique du crime. Il y vient d'une façon très significative. Pour se protéger contre une accusation qu'il ne supporte pas. Les psychiatres existaient déjà. Ils avaient examiné Lacenaire : « Le défaut de courage, ont-ils écrit dans leur grande tradition, l'a porté à se contenter de diriger le meurtre et à le faire exécuter par un complice. On se rappelle cette phrase souvent répétée : Lacenaire était la tête, Avril était le bras. » Dans la droite ligne de leurs préjugés ordinaires, les médecins (« ces savants professeurs, qui ne procèdent en observations et en morale que par bosses et protubérances », écrit d'eux Lacenaire) avaient trouvé le moyen d'abaisser cette personnalité qui refusait d'entrer dans les canons du portrait type de l'assassin. Sans doute avaient-ils bien choisi l'angle d'attaque. Lacenaire, ainsi qu'il se décrit lui-même, n'a pas le physique de son emploi. « J'avais un corps grêle et délicat en apparence, comme encore aujourd'hui; quoique j'aie toujours été d'une constitution robuste, je crois qu'il y a bien peu de personnes plus maigres que moi; mais, comme pour donner un démenti à cette chétive constitution, je n'ai jamais été malade de ma vie. » Au moral il se voyait avec « le caractère le plus faible, le plus inconstant, le moins prononcé qu'il soit possible de voir ». Cela n'empêchera d'ailleurs pas les mêmes psychiatres (les « phrénologues ») d'affirmer qu'il avait la « protubérance de la fermeté ». Aussitôt, Lacenaire revendique la fermeté du caractère. Non pas celle que la nature aurait pu lui apporter (« la nature n'avait rien fait pour moi »), mais celle qu'il s'est, écrit-il, forgée : « Ce sont les impressions d'enfance qui ont changé ma nature première en me persuadant que, privé des caresses de ma famille, en butte à ses mauvais traitements, je n'avais, pour ne pas être brisé, que la ressource de m'armer d'un cœur d'airain et d'une fermeté à toute épreuve. Je m'en suis convaincu par les fréquents combats que j'ai eu à soutenir avec moi-même pour y parvenir et par la continuelle surveillance que j'ai exercée sur mon âme. »

On le voit, Lacenaire se défend d'être un faible. Il en avait l'apparence. C'est cet aspect qui avait incité les « phrénologues » à le traiter de lâche. Par plusieurs témoignages on sait que Lacenaire était courageux. Il n'aurait certainement pas éprouvé le besoin de souligner la fermeté de son caractère si les médecins n'avaient pas porté cette extraordinaire accusation de lâcheté. L'accusation était bien extraordinaire pour une autre raison. Elle reconnaissait un plus grand mérite à celui qui portait les coups. Même si Lacenaire n'avait pas porté les coups mortels, il n'aurait pas essayé (une fois ses complices arrêtés) d'échapper à sa responsabilité. Mais maintenant, après l'accusation de lâcheté, c'est une autre revendication qui se manifeste. « Certes, c'est une bien ridicule prétention de ma part, de vouloir revendiquer une plus grande part de crime qu'on ne m'en accorde; mais, puisque je me présente pour être jugé, non plus par mon crâne, mais par mes sensations et qualités intellectuelles, il faut bien tout expliquer. Vous dites, vous, phrénologues, qu'Avril était le bras. Était-il le bras à V... en Italie? Était-il le bras dans la rue du Faubourg-Saint-Martin, n° 8, où j'ai lutté pendant un quart d'heure seul à seul avec ma victime qui n'a été sauvée que par une de ces circonstances qui ne se rencontrent pas deux fois dans la vie? Vous dites que je me contentais de diriger le meurtre et de le faire exécuter par un complice! Oui, j'ai dirigé le meurtre de Chardon, mais qui l'a exécuté? Qui l'a frappé le premier? Qui a frappé seul la mère? Et dans la rue Montorgueil, qui a frappé encore Genevay? Est-ce ainsi que l'on se contente de diriger un meurtre? Parmi les penchants faibles ou nuls chez moi, vous placez la *combativité* ou *courage*[1]. Voici ma réponse : je me suis battu en duel huit fois dans ma vie et deux fois dans des combats à mort. Mes témoins existent probablement tous encore aujourd'hui. Qu'il y en ait donc un seul qui se livre et qui dise : “ J'ai vu trembler cet homme, je l'ai vu sortir de son sang-froid, autrement que pour entrer en fureur : j'ai surpris enfin chez lui un mouvement de crainte. ” Non, il n'y en aura pas; non, personne au monde ne le dira. Si au contraire j'ai une qualité absolue à l'abri de toute discussion, c'est le courage. Je n'ai jamais connu la peur de ma vie. Voilà ce qui arrive, lorsque, dans une scène toute hypothétique, on cherche à faire coïncider les raisonnements avec les faits et que surtout on ne se donne même pas la peine de les approfondir. Cherchez un autre thème à exploiter pour me faire entrer dans vos rêveries phrénologiques, messieurs, celui-ci ne vaut rien. »

Lacenaire n'écrit pas de cette façon d'habitude. Il déteste l'emphase. On sent qu'il a été obligé de se forcer. Son poulet littéraire, qui ne manque d'ailleurs pas de dignité malgré sa forfanterie, lui a été visiblement dicté par la sotte allégation des phrénologues, qui ont agi avec lui comme ils agissent encore aujourd'hui. Ils déduisent le caractère de l'idée qu'ils ont des faits. Ils avilissent l'accusé pour grandir le crime. Ce procédé s'appliquait particulièrement mal au cas de Lacenaire, qui n'aimait pas la force, ni la violence, ni le sang et qui a dû se composer un personnage pour faire face.

Malgré cette incitation perpétuelle à se montrer sous

1. Souligné par l'auteur.

un autre jour que le sien, soit qu'il eût à répondre à une attente générale, soit qu'il eût à répondre à des attaques du genre de celles que lui ont portées les phrénologues, Lacenaire ne paraît pas avoir triché. Il n'approuve pas son comportement, il n'excuse pas ses crimes, et s'il les explique, c'est sans complaisance. C'est l'histoire de son « duel avec la société ».

Après avoir fait l'expérience de la misère et des humiliations qui accompagnent souvent la misère, Lacenaire décide, c'est son expression, de devenir un « fléau de la société ». Il s'est abaissé, il a tendu la main, il n'a essuyé que des refus. Il a frappé à la porte des « riches, durs et égoïstes ». Il s'est « abaissé à la prière » et « partout dédain, promesses trompeuses qu'on oublie en fermant sa porte et en revenant se mettre à table, en savourant le champagne et en oubliant celui qui meurt peut-être de misère ».

C'est dans ce contexte qu'il choisit de survivre désormais en commettant des crimes. Et là, il a deux expressions singulières. Il dit qu'il mène un combat dont le but n'est pas son intérêt personnel. Quel est le but alors? Réponse : « La vengeance. » Mais Lacenaire y voit clair. Il ajoute aussitôt : « Il est vrai que c'est toujours un intérêt personnel, puisque c'est un plaisir, mais enfin je ne songeai plus à mon bien-être. » Que sera cette vengeance? « Je la voulais grande comme ma haine. Croyez-vous que c'était le sang de dix, vingt de ses membres qui m'eût suffi? Non, c'était l'édifice social que je voulais attaquer dans ses bases, dans ses riches, ses riches durs et égoïstes. » Dans son esprit, il s'agit par conséquent d'une guerre menée contre la société. Toutes les guerres font des victimes qui ne sont pas nécessairement des ennemis. C'est pourquoi Lacenaire n'a pas du tout le sentiment qu'il va commettre une injustice particulière en tuant des gens qui ne lui ont fait aucun tort spécial.

L'idée de combat, de duel, de vengeance est comme martelée. Il y revient sans cesse, mais sans aucun esprit de justification. C'est le reste d'un emportement furieux : « Moi, fait pour m'asseoir aux premiers rangs au banquet de la vie, on me refuse du pain, du pain que je demande à gagner! Du pain!... Je ne veux plus de vous maintenant, *ce n'est plus pour ma vie que je combats, c'est pour la vengeance* [1]. »

Tout l'ensemble des *Mémoires* de Lacenaire tend à démontrer ceci : les mécanismes de fonctionnement et de survie de la société jouent avec une telle accumulation d'iniquités que c'est un devoir pour l'individu frappé par eux de se relever, de prendre les armes à son tour et de frapper injustement. Ce qui est étonnant chez Lacenaire, c'est qu'il ne considère pas que cette réaction, ce devoir de réaction, soit moralement légitime. Il le traite plutôt comme un mécanisme automatique, nécessaire, fatal.

Quand il était au collège, Lacenaire, très bon élève, a lu les encyclopédistes, Helvétius, Diderot, Volney et Rousseau. La théorie du contrat social n'est donc pas loin. On pouvait attendre qu'il justifie le crime lorsque le contrat est rompu. Pas du tout. L'attitude de Lacenaire est beaucoup plus réactionnelle. Il a son « système », lui qui condamne l'esprit de système, mais si ce système a fait de lui l'ennemi de la société, ce n'est pas du tout parce qu'il pense qu'à un certain point la société ne mérite plus d'égards, c'est plutôt parce qu'il n'a pas

1. Souligné par l'auteur.

pu empêcher les réactions de défense et de sauvegarde que les injustices subies ont déclenchées. En fait, Lacenaire s'est contenté d'*imiter* la société. Il pense avoir constaté qu'elle est bâtie sur un jeu de forces où seuls triomphent les aspects les plus écœurants de la personnalité humaine. Il aurait préféré que cela soit autrement ou bien n'avoir pas à s'en mêler, mais les choses sont ainsi et lui, il est là. Évidemment, il est conscient qu'il pourrait ne pas y être. Pourquoi pas le suicide ? Il s'est posé la question. « Quoique j'eusse versé le sang, il m'était interdit d'en revendiquer le prix, de réclamer l'échafaud qui m'appartenait, et je voulais la mort, mais non pas de mes propres mains. » Il n'écarte pas le suicide pour éviter de mourir mais pour éviter de céder, pour ne pas paraître faible devant son adversaire : « Celui qui reçoit plusieurs blessures sur le terrain doit continuer le combat tant qu'il a la force de tenir son épée. » Et plus loin, parlant toujours du suicide, il écrit : « Je ne le pouvais pas, je ne le devais pas; c'eût été trop inepte, et pourtant je sentais que je ne devais plus vivre. »

Lacenaire s'est placé dans une situation absurde, mais pas plus absurde à ses yeux que celle dans laquelle la société se trouve. La situation absurde de Lacenaire est la reproduction fidèle de la situation absurde de la société. La situation de Lacenaire est même un tout petit peu moins absurde dans la mesure où sa situation n'est qu'une copie. C'est la société qui détient l'original. Toute l'action de Lacenaire peut être ramenée à cela. Il a voulu copier l'œuvre sociale.

Il a parfaitement compris de quelle façon, toutes hontes bues, il pouvait encore se faire respecter. Les crimes du passage du Cheval-Rouge et de la rue

Montorgueil (il s'agissait d'une tentative de meurtre) entraient dans une catégorie dont la définition rigide offre bien des commodités : crime crapuleux commis par la « tourbe des vauriens » (l'expression est du policier qui a mené l'enquête). Ces notions ne correspondent à rien de réel, mais elles protègent contre l'inquiétude et le doute. Si Lacenaire avait essayé de faire comprendre qu'un enchaînement de circonstances et de faits largement exclusifs de la haine destructrice avait amené les crimes, on ne l'aurait même pas écouté. En déclarant la guerre à la société, il était au contraire devenu un interlocuteur respectable. Désormais, on s'offenserait de son cynisme, mais on admirerait sa force. Force et cynisme, tels étaient justement les traits dominants de l'ennemi qu'il s'était résolu à combattre.

Le résultat ne s'est pas fait attendre. Le procès de Lacenaire a été un très grand événement. Certes, les gros mots étaient là pour l'accueillir. « Atroce », « monstrueux », « épouvantable », ils étaient tous au rendez-vous judiciaire, mais chaque commentaire portait témoignage de l'impression puissante que Lacenaire avait produite. Et plus, on se mettait même à réfléchir, chacun selon la pente de ses idées semblait pris par la nécessité de résoudre le « cas ». Au *Courrier français,* on le rattachait aux événements récents, ceux qui, depuis un demi-siècle, avaient parcouru une société « tombée en dissolution ». A *la Gazette de France,* on regrettait que Lacenaire, « avec cette puissance de facultés et de moyens intellectuels », n'ait pas été « un militaire distingué ou un homme utile dans quelqu'une de ces professions qui demandent de l'énergie et des talents ». Au *Bon Sens,* on considère que la société n'a pas « de grands dangers à redouter des pareils de Lacenaire ». Mais on s'inquiète à l'idée qu' « un homme de sa trempe [pourrait être] élevé par le hasard de la naissance sur le trône d'un monarque absolu ».

C'est bien étrange de voir vanter à ce point les qualités d'un homme qui passe pour être l'auteur d'abominables crimes. On ne sait rien des actions de Lacenaire qui soit de nature à justifier la partie si flatteuse de son portrait. A ce moment-là, seules sont encore connues les répliques faites au procès. D'après les publications, il n'y a que très peu exposé son « système », mais il a fait preuve d'une grande maîtrise de soi et de beaucoup de sang-froid. Dur pour lui-même, dur pour ses coïnculpés, Lacenaire a réussi à se faire admirer avec les traits de caractère qu'il dénonce et condamne chez ses ennemis : cynisme, mépris, égoïsme.

De ce point de vue, le succès de l'entreprise est tel, Lacenaire a si bien utilisé la disposition collective à s'incliner devant son apparente indifférence criminelle que certains n'hésiteront pas à falsifier le récit de sa mort. Le journaliste de *la Gazette des tribunaux* avait reçu l'ordre d'écrire que Lacenaire était mort lâchement. Alors que tous les témoins de la scène de l'échafaud ont vu et apprécié son calme et sa sérénité, on devait lire dans *la Gazette des tribunaux* que ses dernières paroles ont été prononcées d'une voix « altérée », « éteinte », que « ses genoux fléchissent » tandis que sa « figure est décomposée, il monte les degrés soutenu par les aides de l'exécuteur et le coup fatal a bientôt mis fin à ses angoisses et à sa vie ». On comprend bien pourquoi l'ordre d'abîmer le caractère de Lacenaire a été donné. Dans l'état des moyens de défense employés par lui, la critique n'avait plus de prise.

L'approbation du crime risquait de se voir ouvertement renforcée par l'approbation du criminel. Un mensonge était bien la moindre des choses pour cacher le jeu.

Un autre aspect des *Mémoires* de Lacenaire mérite sans doute d'être mis en valeur. Il avait tout à fait conscience que la mentalité collective était prête à lui assurer une sorte de triomphe puisqu'il n'avait fait que se parer des traits de caractère qu'elle respecte le plus. C'est pourquoi il a pensé à recommander qu'on ne montre pas les procès : « En sortant de la cour d'assises, on est toujours plus disposé à commettre un crime qu'en y entrant. Il y a ce je-ne-sais-quoi qui fait qu'on n'y trouve plus autant de répugnance, et si l'accusé est ferme, quel encouragement! Je serai comme lui, se dit-on, ne suis-je pas homme comme lui ? On s'habitue à cette idée, on ne la chasse plus; et si le criminel vient à montrer que c'est la société qui a tort avec lui, chacun se dit : elle a tort aussi avec moi. »

Se sachant sur le point de mourir, convaincu qu'aucun événement ne pourrait empêcher l'exécution, Lacenaire n'avait aucune raison de ne pas mener à son terme le « duel contre la société ». Sans rien forcer, il aurait pu se donner pour un homme impitoyable, insensible à la douleur d'autrui, et placer ainsi sa mémoire à une hauteur qui lui aurait valu plus de crainte peut-être mais surtout plus de respect. Rien ne l'obligeait ni même ne le conduisait à exprimer ses véritables sentiments. Surprise, il l'a fait! « Je vous le répète, j'ai tellement horreur de la souffrance, que moi, le génie de la vengeance, je pardonne à mon ennemi quand il souffre. » Et encore ceci : « Faudrait-il donc conclure de ce que j'ai dit que je viens justifier le meurtre? Nullement! Je viens seulement démontrer la cruauté et l'inconséquence des hommes qui proscrivent une chose sous un point de vue et l'adoptent sous un autre. Je viens, au contraire, proscrire de dessus la terre le meurtre et la souffrance provenant du fait de la créature. Le meurtre!... Loin que le matérialisme le justifie, il en fait l'injustice la plus révoltante, hors le cas de la plus absolue nécessité, hors le cas de la conservation... Non, je ne viens pas prêcher le meurtre, mais je viens protester contre l'ordre atroce que vous aviez établi pour vous dans la nature. Je viens prêcher au riche la religion de la crainte, puisque la religion de l'amour n'a aucun pouvoir sur son cœur. »

On peut sourire ou se dire que ces proclamations chez Lacenaire ne sont pas vraisemblables. Sûrement, Lacenaire aurait été plus vraisemblable s'il avait répondu comme on voulait à la question posée par un médecin : « N'avez-vous jamais éprouvé de ces accès de frénésie qui font trouver du plaisir à commettre le crime ? » Non! là non plus il n'était pas vraisemblable et là aussi il était vrai.

Cette supposition honteuse, l'idée que cela peut être un plaisir de tuer, ce n'est pas le criminel Lacenaire qui la formule et qui l'exprime (alors que rien ne pouvait l'empêcher de le faire), c'est le médecin. Lacenaire, lui, la repousse. Et, de fait, l'idée du médecin, c'est l'idée que nous effleurons tous, c'est celle que le juge porte en lui, c'est celle que la phrase caresse dans la musique et dans le roman, c'est un jouet entre nos mains. On le voit avec Lacenaire, c'est un mensonge dans la réalité.

Mais avant de se ruiner comme mensonge dans la réalité, l'idée honteuse a fait un long chemin. Légère cavale puis bête de trait, c'est elle qui tire les regards vers le gouffre. Elle nous réjouit de ses vertiges si nous sommes juges et nous laisse froids, inertes, si nous sommes criminels.

Quand c'est fait, quand on est passé de la pensée qu'elle a si bien cajolée à l'acte qu'elle abandonne, elle laisse un homme nu glacé dans son désert, sujet d'actualité, objet de désir, bête à juger. Si l'accusé, le plus souvent, éprouve le besoin physique d'écrire, c'est à cause de ce moment où il découvre qu'en plus des valeurs positives qui l'ont fait sortir de son anonymat et lui ont apporté des dévouements inattendus, le crime qu'on lui reproche a fait de sa personne un objet de désir. « Moody avait déjà remarqué que lorsqu'un jeune criminel quittait le palais de justice – surtout s'il était beau garçon et s'il avait une de ces moustaches à la macho –, il arrivait qu'une jeune femme se précipite pour l'embrasser. En général, ce genre d'étreinte se prolongeait un bon moment. Mais celle qui avait eu lieu entre Gilmore et son amie avait dû être la plus longue et la plus passionnée dont Ron avait jamais été témoin. Cela dépassait la limite des convenances. Il s'était posé quelques questions sur les gens qui exprimaient des sentiments aussi forts [1]. »

Norman Mailer, l'écrivain américain, rapporte l'observation faite par cet avocat américain. Mailer a ce mérite. Plus généralement, c'est le mérite de son livre d'avoir donné le détail du déploiement de l'« idée honteuse » et d'avoir montré comment elle se forme, comment elle s'exprime et comment elle réussit, d'une certaine façon, à dominer toute la vie sociale améri-

1. Moody est le nom de l'un des avocats de Gilmore. L'affaire Gilmore, nom d'un meurtrier américain, a été racontée par Norman Mailer dans *le Chant du bourreau*, Laffont, 1980, pour la traduction française. Ce passage est extrait de ce livre.

caine. Le travail de Mailer dans *le Chant du bourreau* est un travail de transformation littéraire qui est très bien fait et très intéressant. Si bien fait que soit ce travail, c'est un vol et une trahison. Mailer n'a rien à se reprocher car Gilmore le savait et il l'a accepté.

Gilmore dans les années soixante-dix (1970), comme Lacenaire dans les années trente (1830), avait compris qu'il était un objet de désir et, de ce fait, une source de richesses. Il avait également compris qu'il n'avait pas les moyens d'exploiter lui-même ces richesses. Il avait aussi compris que son lot personnel avait été de porter les coups à la place d'autrui et d'être tué à cause de cela. Si Gilmore avait finalement accepté de se donner en spectacle jusqu'au moment où il grillerait sur la chaise électrique et de céder à un tiers, à prix d'argent, le droit de raconter cette histoire, c'était parce qu'il voulait faire comprendre cette fois qu'en jouant son rôle de criminel jusqu'au bout, il fournissait à la société un service qu'elle était prête à payer cher parce qu'elle en avait vraiment besoin.

8

LA MAISON HANTÉE PAR LE DÉSIR

Peut-on dire pour autant que Gilmore n'avait été ni trahi ni volé ? Certainement pas. Quand l'accusé découvre qu'il est personnellement désiré à cause du grand crime qu'il est supposé avoir commis, il ne peut pas en rester là. Il sent qu'il occupe une place douloureuse, bien sûr, mais enviable aussi. Dès le début, il a ressenti cela. Quand il a été arrêté et qu'on lui a passé les menottes. A cet instant-là, tout a convergé sur lui. Il est le centre de la cible, il est aussi le point de mire. Sa capture mobilise toute l'énergie de ceux qui s'emparent de lui, mais elle retient également toute l'attention de ceux qui regardent la scène. L'intérêt de la situation concentre tout ce qui est disponible. C'est pour lui une mise en valeur qui lui apporte un profit immédiat. Son existence, inquiète, si mal assurée, se réalise immédiatement à travers la nécessité de se défendre. Il tient dans ses mains, il a sous ses yeux la preuve matérielle qu'il compte, qu'il a de l'importance, une importance d'autant plus grande que les efforts faits pour le neutraliser auront été plus soutenus et plus visibles. L'arrestation comble un besoin que nous éprouvons tous, celui d'être reconnu et salué comme individu. En plus, elle l'oblige à mettre en mouvement toutes les facultés de son intelligence et de sa mémoire pour répondre, dans les conditions les plus difficiles, à une accusation qui s'appuie sur des indications dont il ignore le contenu. Par conséquent, l'accusé vit un moment singulièrement paradoxal. Il est faible, vulnérable, exposé à tous les coups, mais il éprouve aussi, non sans une certaine répugnance, un sentiment d'inexprimable reconnaissance. Au même moment, il saisit qu'il est entré dans un processus dominé par le mensonge et la mystification, car ce désir qui se porte sur lui et ce sentiment d'être désiré qu'il éprouve, ni lui ni aucun de ceux qu'il va désormais côtoyer journellement n'oseront l'exprimer.

La mise en accusation et la détention ne feront que rendre plus vif et plus aigu cet aspect toujours caché de l'échange. On l'oblige à subir la discipline et la règle d'un ordre muet et uniforme. Dans la prison, il y a ceux qui portent l'uniforme et ceux qui ne le portent pas. Et dans la prison, à l'inverse de ce qui se passe ailleurs, ce ne sont pas ceux qui portent l'uniforme qui ont le plus d'importance. Ceux qui commandent vraiment (le directeur et ses adjoints) ne le portent pas. Les détenus ne le portent pas non plus. Porter l'uniforme, cela veut dire qu'on a la force et aussi qu'on ne décide pas soi-même du moment où on pourra l'employer. Les surveillants et les détenus savent très bien cela. Ils savent, sans avoir nullement besoin de se le dire, à quel point cette situation est insupportable pour les surveillants. Les surveillants ont l'uniforme, ils ont la force, ils ont l'avantage qui va à l'uniforme et à la force et ils n'ont pas le droit de s'en servir. Non seulement ils n'ont pas ce droit, mais on leur donne à garder une population qu'on leur apprend tout à la fois à mépriser et à servir.

Les surveillants et les détenus sont tout à fait conscients que le détenu a objectivement plus d'importance que le surveillant. Sorti de prison, le surveillant quitte son uniforme. Il ne se montre en uniforme que devant ses supérieurs et devant les détenus. L'uniforme, dont la nécessité fonctionnelle n'est jamais contestée, devient de cette manière un signe qu'il faut dissimuler parce qu'il est humiliant. La situation est insupportable pour les surveillants. Elle est également très dangereuse. Les surveillants n'ont droit à aucun respect, à aucune estime, ils ne sont rien dans la prison, ils ne sont pas ce qui compte le plus dans la prison, ils n'ont pas le droit de se servir de la force. Soit. Mais ils ont la force. Même si elles ne se produisent pas toujours, les expéditions punitives font totalement partie de la logique de la prison.

La prison est organisée pour servir les détenus. Il faut les recevoir, s'occuper de leurs vêtements, faire l'inventaire de ce qu'ils possèdent, leur attribuer un lieu où ils demeureront, leur apporter à manger, régler tous leurs déplacements, les conduire chez le juge, les ramener, les fouiller, une fois, deux fois, trois fois, les faire dormir, les réveiller la nuit, les faire dormir à nouveau, savoir à chaque instant où ils se trouvent dans la prison et ce qu'ils y font, les surveiller comme aucune mère ne surveille son enfant. Et en même temps, cette population, traitée comme on ne traite pas les enfants, est réputée mauvaise, vicieuse, dangereuse. Les services lui sont dus, mais il est normal que ces services soient exécutés comme autant de brimades. Chaque prestation fournie s'accompagne de l'ordre de l'exécuter et du refus de la modifier. Le surveillant est le fort, le détenu est le faible, mais c'est le détenu qui importe et pas le surveillant, c'est le fort qui est au service du faible. Comment pourrait-on ne pas avoir la tentation de le lui faire payer à chaque instant ?

Mais ce n'est pas tout. Le monde extérieur ne va pas vers le surveillant, il va vers le détenu. Le désir, l'intérêt du monde extérieur négligent le surveillant. C'est une curiosité permanente de visiter, de voir, de toucher qui se porte vers les détenus et passe à côté des surveillants dont les uniformes règlent le flux des détenus, c'est-à-dire le flux d'une vie massacrée, mais le flux de la vie. Dans ce monde à l'envers, on a banni le sexe. Il y a du désir partout et il n'y a pas de sexe. Ou plutôt, on voudrait qu'il n'y en ait pas. En fait, il est bien là, et même plus présent qu'ailleurs, ressenti, caché, avec la même force.

Quand c'est ressenti et caché à la fois, qui peut, qui doit en parler ? Si ça n'est pas écrit, qui va le dire ? Et l'écriture est muette. Les accusés, eux, écrivent. Ils essaient. Tous. C'est une nécessité pour eux. Mais que dire ? Qui les croira ? Davantage, comment écrire quelque chose qui ait un sens sans dire cela et comment dire cela quand on a aussi à se défendre ? Lacenaire l'a fait. Ou, du moins, il a tenté de le faire. On venait le voir de loin quand il était à la Conciergerie. C'étaient des médecins, des phrénologues, toutes sortes d'experts, mais aussi des femmes comme ces trois Anglaises, « dames à bijoux et à brillants équipages » qui avaient sollicité un droit de visite. Il a raconté la manière dont il était accueilli quand il arrivait en prison, les mots qu'il fallait prononcer, l'attitude qu'il fallait avoir pour être respecté. Il a décrit minutieusement le personnage qu'il s'était composé pour affronter « cette espèce de bienvenue de mystification que l'on paie à peu près dans toutes les industries ». Mais là, dans la prison, s'imposer c'était en imposer par la taille du crime qui vous y avait conduit. Pour avoir les bonnes grâces des détenus et, de la même manière, celles des surveillants, il était utile de s'assurer la protection, l'onction de la belle affaire. Avec elle, on était sûr d'avoir un régime spécial, plus attentif, plus favorable, tandis que les gardiens y regarderaient à deux fois avant de frapper. Ce spectacle, il l'a observé jusqu'à l'écœurement. « Aujourd'hui, mes désirs n'ont pas le temps de se manifester, on les devine, on les prévient. L'on me donne ce que je veux; si je l'exigeais, on m'apporterait, je parie, la moitié des plats de la table des ministres, qu'on dit être fort gourmands; et je ne sais pas trop si on ne me donnerait pas un poignard à ma première demande... Et pourtant on est bien convaincu aujourd'hui que je suis un vaurien, un assassin, un brigand!... voilà notre monde, monsieur, voilà le monde que je quitte sans regret, avec joie et avec dégoût à la fois. »

Il arrive que l'expression de Lacenaire se durcisse, qu'il cherche à se montrer implacable. C'est toujours dans les mêmes circonstances. On l'interroge en s'étonnant qu'il ait frappé au hasard ou qu'il se soit montré sans pitié. Alors il se redresse et se fait provocant. Il ne lutte plus seulement contre le genre humain, contre la création, contre l'œuvre d'art, contre la pensée. Il se bat pied à pied contre la formulation de cette pensée et contre les mots employés pour la formuler. Qui paie d'exemple? Les succès rencontrés, de quelle façon les a-t-il obtenus? Qu'est-ce qu'on admire le plus en lui? Est-ce sa générosité? Allons donc, elle fait sourire. Est-ce sa dureté? Elle est aussitôt admise, reconnue, applaudie.

Le pli est pris désormais. Lacenaire irait aussi bien se rendre absolument intolérable en faisant la démonstration qu'il est d'une totale insensibilité. Pourquoi? Quand il exprimait des sentiments de compassion, on disait que c'était la peur ou la lâcheté qui les lui inspiraient. Sinon, c'était l'autre registre, le goût de faire mal, le plaisir recherché dans la souffrance. Plutôt se taire alors. Le silence sans pitié.

Se montrer sous son pire aspect, c'est la règle pour reprendre la main, ramener l'écriture à ses devoirs; elle s'impose à tous ceux qui ne sont pas des professionnels et, plus encore, aux criminels qui, pour la plupart, croient qu'ils ont à se faire excuser d'écrire, de se servir de ce bel outil, de cet instrument de vertu. Jacques Mesrine le pensait. Il a fait le récit de ses actions dans un livre qu'il a appelé *l'Instinct de mort* [1]. Il a voulu que ce livre soit un réquisitoire contre lui. C'est son expression : « Par ce livre, je me suis condamné moi-même. Il est mon pire réquisitoire. » Il pensait qu'« un tueur décrivant ses meurtres allait révolter plus d'un citoyen » sans même voir que la littérature a consacré au meurtre bien plus de pages qu'il ne pourrait jamais en écrire. Cette littérature n'a révolté personne. Où est la différence entre les deux sortes d'écrits? Pourquoi serait-ce plus révoltant lorsque c'est écrit par un tueur si le texte est le même? L'histoire est la même, les mots sont les mêmes, la phrase est la même, le produit est par conséquent exactement le même. Si ce produit est nocif et doit entraîner une réprobation, pourquoi ces réactions se produiraient-elles en fonction de la personnalité du fabricant? Le plaisir de la lecture, l'intensité des sensa-

1. Champ libre, 1984.

tions, l'incitation à imiter les personnages du livre se présenteraient-ils à un moindre degré sous prétexte que l'auteur de la fiction n'aurait pas vécu ce qu'il raconte ? Y aura-t-il quelqu'un pour soutenir cela ? Bonne lecture si cela paraît vrai en étant inventé et mauvaise si cela est vrai tout simplement ?

La différence entre les deux textes n'existe pas. Il est d'ailleurs évident que l'histoire inventée peut paraître plus vraie que l'histoire vécue. Du point de vue du contenu de l'œuvre, aucune distinction n'est donc permise. Cependant, ce n'est pas pareil. C'est un désordre qui se produit. L'histoire vécue prend l'écriture au mot et tombe dans son piège. Elle la prend au mot parce que ce qui est dit est fait. C'est de l'écriture réalisée, c'est du mensonge transformé en vérité. Mais l'histoire vécue tombe aussi dans le piège de l'écriture car elle est obligée d'employer ses moyens propres. L'un de ses principaux traits spécifiques, c'est un besoin d'autorité, une exigence de commandement, l'affirmation d'une vertu. L'écriture met le doigt dans la bonne direction.

Se servir de l'écriture pour raconter son histoire, c'est s'obliger en quelque façon à prendre un parti d'autorité, à faire choix d'une vertu. Tandis que l'écriture de fiction abandonne son histoire et ses lecteurs après les avoir portés au plus haut degré possible d'adhésion, l'histoire vécue et racontée se soumet à une doctrine avant même d'avoir révélé son contenu. L'histoire vécue et racontée a bien du mal à se défaire de raideurs morales empruntées. Le désordre est là. La littérature doit quelque chose à celui qui a réalisé ses intentions, elle lui en est redevable, mais elle l'abandonne et le renie. Au contraire, le narrateur qui a vécu son histoire se soumet par avance aux besoins d'une dictée doctrinaire. Dans la fiction, c'est un père qui désavoue ses enfants. Dans l'histoire vécue, c'est un enfant qui cherche un père.

Traître à ses desseins, l'écriture conserve ainsi sa suprématie. Jacques Mesrine, que ses idées sociales avaient convaincu de ne s'incliner devant rien ni personne, a, bien entendu, subi lui aussi l'imposture.

Ayant pris le parti d'écrire sa vie avant d'être jugé, il lui fallait à la fois faire revivre les événements traversés et les actes commis et se garder d'exprimer une sensibilité que le juge aurait forcément exploitée contre lui. La marge, dès lors, était devenue très étroite. Pas plus que Lacenaire, Mesrine ne reconnaissait à la société le droit de le juger. Il acceptait qu'elle le condamne, pas qu'elle le juge. Impossible, dans ces conditions, de raconter les faits d'une manière qui appelle si peu que ce soit la sympathie sur leur auteur. Au contraire. Des faits, rien que des faits. Est-ce vraiment possible ? Le récit, lui, étale ses hésitations, ses langueurs par où vont filtrer les sentiments. Il faut boucher tous les trous et, par force, ajouter à la dureté de l'histoire une dureté de la volonté. C'est l'écriture prise au mot. Peu à peu, cela forge une apparence de doctrine. Ce récit glacé, ce parti d'indifférence deviennent mépris de la souffrance d'autrui, froideur dans l'exécution, cynisme universel. Encore Mesrine n'a-t-il pas cédé à la vocation doctrinaire de l'écriture. Il va y venir. Avec sa passion de ne pas « tricher ». Comme si la littérature s'était gênée avant lui. Alors, il veut « dire » quelque chose. Pour lui, cela va signifier tenter d'échapper au jugement d'autrui. Avec le fichu outil qu'il s'est choisi, l'écriture, il est contraint de se juger lui-même pour n'être pas jugé par autrui. Il accuse ses traits, gomme ses tendresses, efface tout ce qui pourrait donner prise à une communion intime. Enfin, il affiche ses idées, son système de guerre civile, la lutte entre les loups. « Qu'importe la sentence ?... Elle ne sera que la conséquence de la vie que j'ai choisi volontairement de mener. Face à mes juges, je ne baisserai pas la tête. J'assumerai toutes mes responsabilités en acceptant d'en payer le prix. » C'est l'écriture elle-même qui le prend dans son piège.

Malgré cela, c'est-à-dire malgré tous les efforts accomplis pour présenter une figure de marbre, photo fidèle de son personnage de héros abandonné et reconstruit, Mesrine retrouve étrangement les thèmes et même certaines des expressions de Lacenaire, utilisées cent cinquante ans plus tôt. Comme Lacenaire, il reconnaît qu'il a voulu « rejoindre la société ». Comme Lacenaire, il a échoué. Les circonstances ne sont pas les mêmes, mais les causes invoquées sont à peu près identiques. L'un était affamé, Lacenaire, l'autre sortait de prison, Mesrine. « J'ai échoué, écrit celui-ci, car l'homme qui franchit les portes d'une prison en reste marqué à vie quoi qu'il fasse sur le chemin de la réinsertion sociale. La société est vindicative... » Les imprécations de Lacenaire ne sont pas loin! Mais surtout, Mesrine, comme Lacenaire, récuse la violence. « Si j'ai volé, je n'ai jamais dépouillé des pauvres. Je me suis attaqué aux banques ou à des entreprises pour la plupart de mes agressions. Je n'ai jamais usé de violence sur un caissier ou un transporteur de fonds et je crois avoir toujours travaillé proprement. Je n'ai ni violé, ni agressé des vieillards, ni exploité la femme. » Pas plus que Lacenaire, Mesrine n'était moralement obligé de faire ces distinctions et de refuser la violence dans son principe. Cette attitude prend, par conséquent, une valeur singulière.

Du seul point de vue des idéaux littéraires, Mesrine et Lacenaire sont des personnages romanesques et héroïques. Ils en étaient tous deux parfaitement conscients. Ils étaient également conscients que cette identification héroïque leur interdisait d'exprimer ce que la littérature justement aurait appelé, dans d'autres circonstances, leur moi profond. En quoi sont-ils héroïques ? En ceci : ils portent dans la réalité l'idéologie littéraire du passage à l'acte. Ils font ce que l'œuvre d'art, toujours, suggère de faire. Mauvais sujets ? Peut-être. Bons élèves ? Sûrement. Ainsi, ils se sont privés des sources de la sensibilité et ont dû pousser dans ses retranchements le portrait négatif. C'est la logique même de l'*imitation*. Ce qui n'était pas logique en revanche, et cela s'est produit pour l'un comme pour l'autre, c'est qu'ils rejettent avec une telle véhémence le modèle de la violence dans lequel ils sont pourtant enfermés.

Il y a une logique agressive de l'écriture qui les a partiellement entraînés, mais qui ne les a pas totalement entraînés. Abandonnés par elle, ils finissent par y renoncer à leur tour. Ce n'est qu'au moment où ils se sont assuré qu'on ne pourra leur exprimer aucune sympathie qu'ils repoussent le modèle et, se croyant hors des atteintes de la bienveillance, laissent tomber les quelques mots qui vident le crime de sa substance.

Une autre phrase. Celle d'un auteur contemporain à propos des écrits de Pierre Goldman [1] : « Mais il est écrivain, et moi aussi je suis écrivain. Après avoir lu son livre, j'affirme que cet homme-là, quels qu'aient été ses

1. Jean Dutourd parlant, dans une chronique de *France-Soir*, des *Souvenirs obscurs d'un juif polonais né en France*, 2 mai 1976. Article paru sous le titre : « Goldman ou la preuve écrite ».

errements autrefois, n'a jamais été un assassin. » Étrange profession de foi. Elle contient d'abord l'affirmation que le mérite littéraire pourrait servir non pas seulement de circonstance atténuante, mais de preuve contre l'accusation. Révélatrice de cette tendance à enfermer le travail littéraire dans une forteresse d'innocence. C'est cette idée aussi qu'il n'y a pas de mal à donner l'exemple de ce qu'il ne faut pas faire quand c'est bien exprimé. L'imagination peut baigner dans le sang. Les mains resteront blanches. Impunité de la pensée contre laquelle le bras parfois se révolte. La pensée ? Le mot est commode. L'idée n'est pas juste. Ici, c'est l'artifice. Il se donne pour vrai, pour plus vrai même que la réalité jusqu'au moment où il vaut mieux se débiner pour ne pas être mélangé avec ceux qui ont fait le coup. Le fossé jamais comblé entre ceux qui font métier d'oser exprimer les idées et le pauvre type qui a la main dans le sac quand on vient l'arrêter. Bien-être d'écrire. Au chaud. Avec le sacré sur la tête. La littérature à l'abri dans son sanctuaire. Cité interdite. Pas très équilibré, tout ça. D'autant moins que l'idée de la continuité, d'un geste attaché d'un bout à l'autre à son projet intellectuel, c'est le récit et non pas l'acte lui-même qui l'apporte.

Dans la réalité, c'est fait mais c'est brisé, tandis que dans l'œuvre intellectuelle, c'est un objet fini, achevé, montrable. La voie indiquée n'était pas une voie à suivre. On n'est rien quand on l'a fait. Rien ? Si, on est un objet de désir – c'est mieux que rien. D'un bout à l'autre de l'exhibition. Au moment de l'arrestation, à la police, chez le juge, à l'audience. Est-ce bien d'être un objet de désir ? C'est plus agréable d'être désiré que de ne pas l'être, mais là ça n'est pas l'objet qui se cache, c'est le désir lui-même. Les gens qui s'occupent du crime disent rarement à quels véritables besoins en eux correspond leur choix. Il y a une détermination masquée, déguisée. On se plaint des déguisements de l'institution judiciaire, mais l'esprit de ceux qui en font partie est cent fois plus déguisé que la salle d'audience le jour du grand procès.

C'est physique. Concret. Au niveau le plus sensitif, celui des odeurs. Aigre-doux. On entre et on sort des parloirs de justice avec le nez. Comme dans une accumulation géologique, par stratifications successives, les poussières, les chaleurs, les fatigues, les déjections retenues font un univers obscène où les douleurs se cachent, personnes déplacées, de mauvais goût. Parfois, rarement, un cri, que les autres écoutent, silencieux, pas surpris cependant. Ils sont venus pour ce cri, si rare et si nécessaire. Toute cette glu et, tout à coup, ce cristal! Est-ce la mise en scène dont on a besoin pour divulguer les buts de l'affaire? En montrer le plus possible, avec des actions enviables et des corps soumis. La soumission qui va au-devant, du policier, du gardien, du juge. Comme si la justice était hantée par le désir.

« Femme de voyou! » On dit « femme de voyou » comme on dit « grand flic », expressions de trottoir faites pour coulisser des salles de police aux salles de rédaction. « C'est un grand flic », dit le journaliste saisi par l'admiration et il veut dire que c'est un policier qui emploie des moyens psychologiques. Parlant de cette femme qu'on vient d'arrêter et qui refuse de dénoncer un homme, le policier dit : « C'est une vraie femme de voyou. » Que veut-il dire?

S'il y a un domaine de la vie sociale où les idées féministes n'ont aucune prise, c'est bien celui des luttes pénales. Les femmes ont un rôle assigné qui ne bouge pas. Elles ne sont pas inactives puisqu'elles apportent aide, assistance et réconfort, mais elles ne vont pas en première ligne. Si cela arrive, et cela arrive, c'est une exception qui n'est pas significative. Par conséquent, elles sont présumées avoir observé et respecté les limites d'une complicité réduite. Elles ont pu communiquer des informations, servir d'intermédiaires, préparer et entretenir des lieux de sauvegarde, mais pas plus. Elles ne montent pas dans les voitures et ne vont pas sur les coups. Cet a priori d'innocence ou de culpabilité limitée fait partie de ces données simples qui entretiennent la légende d'une communication facile et spontanée entre flics et voyous autour de cette idée qu'une femme qui n'est pas féminine n'est absolument bonne à rien. S'il advient qu'on arrête les filles, c'est surtout pour faire parler les garçons. Tout au plus, elles serviront d'otages. On marchandera leur liberté contre des aveux et on oubliera le peu qu'elles savent et le peu qu'elles ont fait.

Naturellement, une telle représentation comporte certaines implications psychologiques. La « femme de voyou » est séduisante, silencieuse, fidèle, et elle respecte son homme. Par-dessus tout, elle est obéissante et soumise. Concrètement, elle incarne un pur idéal féminin. Beauté, fidélité, soumission, elle paraît avoir tous les mérites de la femme idéale. En plus, elle fait le service de la putain. Elle ne le fait pas seulement pour son julot réel ou imaginaire. Elle le fait pour tout le monde, au propre et au figuré. C'est une des idées reçues les plus tenaces. La prostitution *va avec* la délinquance. Si la police écarte a priori le soupçon d'une participation féminine active à l'infraction, elle tient en revanche pour acquis que la « femme de voyou » a été, est ou sera une putain. De leur côté, les bandits d'honneur (autres personnages importants de la farce, car on n'est pas un « grand bandit » si on n'est pas très sourcilleux sur les questions d'honneur) traitent l'accusation de proxénétisme comme une inculpation déshonorante. Contre le proxénétisme, une seule attitude digne, chez le « grand bandit » comme chez le bourgeois, le mépris! Remarquable convergence qui laisse dans l'ombre bien des questions. Et d'abord celle-ci : comment se fait-il que certaines femmes continuent d'apporter leur aide à l'homme qui est en prison alors que celui-ci ne peut plus exercer ni pouvoir ni menaces? Cette assistance peut être de courte durée et chaque situation a ses particularités, mais c'est un fait que de nombreux comportements manifestent un attachement dont la force et la sincérité ne peuvent être mises en doute. On dira qu'ils les « tiennent ». Ah! oui, justement. Mais comment les tiennent-ils? C'est une relation dont l'équilibre est très précaire puisqu'elle repose sur un jeu de forces extérieures dont la pression varie à chaque instant, plaçant chacun tour à tour dans la position d'abuser de l'autre, mais c'est aussi une relation qui éblouit par ses clartés. La femme idéale est soumise. La putain est la représentation concrète la plus pure de la femme soumise. Elle réalise l'idée de la femme soumise et, par conséquent, de la femme idéale. Vivant dans l'illégalité, du fait de ses liens avec un homme qui se met en infraction s'il partage sa vie en sachant qu'elle est une putain, elle souffre de sa situation et, en même temps, cette situation lui procure une satisfaction et une fierté puisqu'elle voit bien qu'elle est en permanence, pour elle-même et comme représentation concrète de la femme idéale, objet de désir. De la même manière, pour la même raison, elle a beaucoup moins de mépris pour son mec que pour tous ceux qui, à la différence de lui, ne profitent pas d'elle directement. Car elle se rend bien compte qu'ils sont très nombreux à profiter d'elle indirectement. Soit qu'ils se servent d'elle comme image. C'est le cas notamment des autres femmes quand elles s'énervent, se plaisent ou se consolent à la pensée qu'elles pourraient aussi bien être une putain. C'est le cas aussi des juges, quand ils éliminent de sa vie l'homme qui l'exploite mais qui est aussi celui qui la met le mieux en valeur. Ainsi, de manière figurée, ils se substituent à cet homme. C'est le cas naturellement aussi des autres hommes, ses clients, qui tentent de tirer de cette femme une jouissance sans se soucier le moins du monde de la vie qu'elle mène. Et il y a les autres, qui se servent d'elle pour s'enrichir indirectement, gens de la nuit, marchands, hôteliers, jusqu'au trésorier payeur général qui lui compte l'impôt. Comment n'aurait-elle pas cent fois plus d'estime pour celui qui lui prend directement l'argent mais sait, comme elle, ce que cet argent lui a coûté en comédie, fatigue, humiliation? Elle se sent d'autant plus libre d'éprouver ces sentiments qu'elle distingue la véritable nature de sa situation sociale. On la tient en marge, on la contrôle, on la refoule. En même temps, on la glorifie, on la désire, le temps que dure sa jeunesse vite usée. On la veut pour l'amour et on lui interdit d'aimer. La putain est pleine de fierté et de rancune. Elle en donne une part au julot, le seul parfois qui la traite comme une personne.

Il commet des délits, parfois même des crimes? Et alors? N'est-ce pas très exactement ce qu'on attend de lui, qu'il transgresse à son tour l'interdit social dans lequel, elle, la putain, sait qu'elle doit ramasser tous les jours les ingrédients qui la rendront désirable? A sa façon, il est comme elle, bête de somme, bâti pour porter les fantasmes des autres. Lui aussi, il est tenu, surveillé, entouré, forcé de stocker avec ses forces, celles de son caractère et celles de ses muscles, les défenses dont il a constamment besoin pour empêcher l'invasion. La putain qui se vend dit qu'elle travaille, elle dit surtout qu'elle se *défend.*

A la porte des prisons et dans les couloirs, les jours de parloir, c'est un spectacle. Elles sont belles. Ce n'est pas le hasard. Elles l'ont voulu pour faire plaisir à celui qu'elles visitent et, aussi, pour provoquer les autres. Silence et défi du corps, celui de la femme, qui se montre, comme pour mieux dénoncer les souffrances qu'on inflige à celui de l'homme, qui se cache. A ce moment, les lèvres écarlates s'étalent avec le même éclat que les idées reçues. Elles font à ceux qui les voient passer l'offense du plaisir comme on fait à ceux qu'elles aiment l'offense de la sanction. Pourtant, elles ne jouissent pas plus de leur vie que le criminel de son acte. C'est l'ordre qui règne.

Comme beaux jouets, tous les deux, ils sont parfaits. S'il n'y avait de temps à autre l'insolence d'un regard, ils répondraient exactement à un dessein forgé pour eux. Le libre attelage du commerce et de l'émotion les a voulus tels qu'ils apparaissent. Ils étaient à l'affiche avant même d'exister. Se voyant ainsi en image, ils ont pu croire qu'on les aimerait d'y ressembler. D'une certaine manière ils ont eu raison, car on les aime aujourd'hui, mais séparés, punis, vaincus. Les mots, l'image ont gagné. Et leurs auteurs. Est-on assez bête de suivre la voie recommandée? Ni l'intention, ni l'opinion ne font le délit.

9

QUI TIENT L'ARME DU CRIME?

Mais non, naturellement, ce n'est pas la société qui est criminogène! Pas davantage elle n'est responsable du crime. Elles sont grotesques les thèses qui diminuent la responsabilité individuelle et grossissent la responsabilité collective. Bien sûr. Pis encore, elles sont stupides. Chacun n'est-il pas libre de faire ce qu'il veut, de se diriger comme il l'entend et de choisir? Elle a bonne mine, la théorie, quand les deux enfants d'une même famille, honorable et misérable, triomphent l'un dans les belles allées du pouvoir, l'autre dans les bas-fonds de la pègre. Et puis, à la fin, c'est insupportable cette monomanie de tout faire porter par les autres. Qui n'a pas la punition n'a pas les mérites. C'est humiliant d'être ainsi pris en charge, traité comme un malade, privé du dessert social, la louange de l'effort, la réprobation de la paresse. La générosité a bon dos. On la mène par le bout du nez. Elle les fait bien rire, ceux qui en bénéficient. Et pourquoi la société se laisserait-elle casser la figure? Pourquoi est-ce qu'elle n'aurait pas, elle aussi, le droit de se défendre contre d'injustes attaques? On a un petit peu tendance aujourd'hui à tout inverser, à se laisser entraîner sur la pente des idées folles, à ne plus savoir ce qui est au commencement et ce qui est à la fin. A la fin, qui a commencé? C'est le bon sens qui pose la question, et le bon sens l'emporte toujours. A force de diluer les devoirs de l'un dans ceux des autres, on ne distingue plus ce qui est un droit et ce qui est un devoir. Les notions les plus claires s'obscurcissent. Le paradoxe devient vérité. C'est plus élégant, plus à la mode. La minorité marche sur la tête et voudrait que la majorité fasse comme elle. Comme la minorité est active, elle réussit à se faire entendre. Comme elle se fait entendre, elle croit qu'elle a raison. Jusqu'au moment où les faits lui donnent tort. Mais ça n'était pas la peine d'en arriver là pour comprendre que la majorité, celle qui ne dit rien, qui regarde et qui sait, avait bien raison de ne pas suivre. On peut toujours trouver un motif à tout. Tout s'explique. Avec les mots, on fait ce qu'on veut. Il n'y a que la réalité qui n'y va pas. Souvent, on s'en rend compte et c'est trop tard. Le système qui consistait à transférer les causes de l'acte individuel sur la mauvaise volonté de l'ensemble social ne pouvait mener qu'aux pires conséquences. C'était la tache d'huile dont tout le tissu social allait s'imbiber. Le laisser-aller érigé en principe et donné en exemple. A quoi bon faire des efforts si ce qui est bien n'est pas mieux traité que ce qui est mal? Le désordre moral précède tous les autres, le désordre social, puis le désordre économique.

A peine caricaturées, ces réflexions sont partagées par le plus grand nombre. Les débats au parlement français l'ont souvent montré. Même les députés de gauche ont adopté une conception prudente de la politique à suivre en matière pénale. Comme on pouvait s'y attendre, la loi réactionnaire de l'ancien ministre de la Justice, Alain Peyrefitte, n'a été que partiellement abrogée par son successeur, Robert Badinter. Celui-ci est d'ailleurs constamment attaqué pour son laxisme alors que les réformes menées ont porté sur certains principes bien plus que sur les pratiques quotidiennes. La réaction contre le libéralisme en matière pénale est d'autant plus significative que la politique ainsi vilipendée n'est pas entrée dans les faits. Les gens qui expriment l'opinion qu'il n'y a pas de responsabilité collective pour les crimes, qu'il n'y a pas à rendre la société responsable des actes individuels, ne voient pas peut-être à quel point ils ont raison. Ce n'est pas la société qui est responsable des crimes commis par l'individu puisque c'est la société qui commet le crime elle-même, c'est la société qui est criminelle. Elle l'est dans tous les sens du terme, activement et moralement. La société? Qu'est-ce que c'est que cette chimère? Notion vague dont chacun perçoit très précisément le sens. C'est ce qui se dit dans les taxis, au comptoir des bistrots, dans les colonnes des grands journaux, à la télévision. C'est ce qui se vend bien.

En France, les idées à ce sujet ont pu se clarifier avec l'arrivée de la gauche au pouvoir. Même si elle était déjà démodée quand elle a gagné les élections, elle a montré – en renonçant à la plupart de ses idéaux – que les grosses valeurs dominantes ne pouvaient pas être remises en question. En ce moment, il y a des malabars qui poussent des cris dans les meetings contre ce qu'ils appellent le « laxisme moral ». Ils remportent des succès d'estrade qui ne doivent pas étonner. Ils donnent de la voix, ils montrent les biceps, ils s'en prennent aux plus faibles, ils font rire aux dépens de tout ce qui est un peu différent, un peu original, un peu courageux. On croit qu'ils détonnent alors qu'en réalité leur discours n'est pas très différent des professions de foi gouvernementales. C'est toujours à celui qui sera le premier, le plus fort, le plus malin.

Les prisons sont pleines de gens qui ont adhéré à ces valeurs. Ce qu'ils ont voulu de pire – quand ils l'ont voulu, ce qui n'est pas toujours le cas –, c'est être les premiers, les plus forts, les plus malins. Le goût de l'effort, du succès, du risque, c'est ce qu'ils ont essayé de trouver dans leurs actes. Moralement, ils sont pareils. Plutôt mieux même, plutôt meilleurs. Des sentiments de solidarité, un respect de la parole donnée, une attention à autrui plus répandue ici qu'ailleurs. Rebelles parfois, mais beaucoup moins qu'on ne croit. Efforts sur soi. On endure. On ne se plaint pas. On souffre. On encaisse. On la ferme. Virils. La virilité, ça c'est une clé. Un modèle. Se fixer un but, trouver les moyens de l'atteindre, prendre des risques pour y parvenir, c'est ce qui s'enseigne partout. Rechercher le chemin le plus court, la méthode la plus efficace, la moins coûteuse. Partir de rien pour obtenir quelque chose, c'est la définition même des vertus de l'action.

Quelles sont les grandes vertus criminelles? Le mépris du danger, le mépris d'autrui, le mépris de soi, le silence, l'endurance, la fidélité, le sens de l'honneur. Ce sont les vertus sociales par excellence. Pour participer à un hold-up, une affaire d'hommes, une affaire d'amis, il faut prouver qu'on a ces qualités-là. Qu'on sait garder son calme, affronter une situation inattendue, réagir physiquement à l'instant, être présent, attentif, ne rien dire qui ne soit strictement nécessaire, ne pas faire un geste de plus, ne menacer personne inutilement, ne pas se servir des armes, surtout ne pas se servir des armes si ce n'est pas absolument nécessaire. Après, disparaître, se disperser, être capable de solitude, savoir se cacher, savoir se taire. S'il y a quelque chose à partager, appliquer les règles d'une scrupuleuse égalité. Si l'on excepte la violation de la loi, il n'y a rien dans cet ensemble de comportements qui ne soit conforme aux normes sociales les plus exigeantes. C'est du mimétisme. Aussi a-t-on tout à fait tort de parler d'une vie marginale alors qu'on est en présence d'un vrai conformisme social. Tout y est, jusqu'à cette impatience qui pousse à ne pas se contenter de ce que l'on a. Jusqu'aux gestes, aux attitudes, à cette façon d'aller, de marcher, de porter la tête, autant de gravures pour la mode. C'est dans ce sens, en raison de cette imitation, qu'on pourrait parler d'une délinquance de droit commun. Dans ce sens seulement. Mais ce n'est pas du tout celui qui est employé. Quand il est question des délinquants de droit commun, la désignation est péjorative et elle est destinée à les distinguer des délinquants politiques. A aucun moment, l'idée pourtant juste d'une délinquance conformiste n'est évoquée. C'est la seule qui soit recevable. Quant à la délinquance politique, elle ne se différencie pas de la délinquance de droit commun par ses moyens et par ses buts, mais uniquement par son système de défense. Il suffit, on l'a vu, à l'accusé de revendiquer l'action illégale, de l'assumer sous le vocable « cause juste », pour être aussitôt considéré comme un délinquant politique. Aller soutenir, comme on le fait d'ordinaire, qu'il y a des causes illégales nobles et d'autres qui ne le sont pas, qu'il y a, en matière pénale, des causes plus politiques que d'autres et que ce sont des causes nobles qui méritent un sort particulier, un traitement meilleur, c'est une supercherie. Elle rend de nombreux services mais elle reste une supercherie.

Derrière l'élégante notion de cause politique, il y en a une autre, qui se cache et qui est beaucoup moins gracieuse, c'est l'idée qu'il y a des causes désintéressées et d'autres qui ne le sont pas et que les crimes commis dans le cadre d'une entreprise politique sont plus désintéressés que les crimes de voyous. Sous prétexte que l'action criminelle au service de la cause politique cherche par exemple à prendre l'argent sans s'intéresser directement à l'argent, on s'empresse de considérer que cette action a un mérite moral supérieur. Comme si les intérêts attachés à l'entreprise politique étaient d'une qualité différente de ceux qu'on cherche à servir au niveau de besoins très modestes, manger, dormir, vivre autrement, vivre mieux. Comme si l'entreprise politique n'était pas destinée à satisfaire de tels besoins. Les pitreries et contorsions qui accompagnent, dans le procès politique, la tentative d'embellissement de l'action criminelle sont en général très bien accueillies. Pour des raisons qui n'apparaissent pas toujours clairement. Lorsque l'accusé affirme le caractère politique de son action, il tend à dessaisir le juge de la plus grande partie de son empire. Il tend à le priver de la possibilité d'approuver ouvertement l'action criminelle. Concrètement, au jour du procès, comme acteur, il est vaincu, mais il se présente comme vainqueur possible demain. Rival du juge, il cherche à se substituer à lui. Il ne compte pas sur le juge, qui ne peut plus servir à cela, pour faire approuver son action. Il passe par-dessus la tête du juge et s'adresse directement à la société pour obtenir d'elle, au-delà des limites d'action de l'autorité politique du moment, la légitimité criminelle que le juge ne peut pas lui donner.

A la surface du discours, l'action criminelle passe au

second plan par rapport aux buts criminels. En réalité, la sympathie qui se porte si volontiers au-devant des justifications du criminel politique aime en lui ses efforts pour rendre la violence légitime. Le procès le montre : la violence utilisée par l'accusé est défaite. Cependant, il se peut que cette défaite ne soit que provisoire et que, demain, une victoire vienne non seulement faire oublier la défaite mais donner raison à la violence. Ainsi, la cause politique, c'est-à-dire la violence criminelle à la recherche de sa légitimité, rend de très grands services. Elle tend à secouer les fondations de l'ordre, mais elle montre quelle est la véritable nature de ces fondations. Elle s'incline devant le vainqueur du jour, mais elle met en évidence les moyens employés par le vainqueur. Si le procès semble tout à coup ennobli, ce n'est pas parce qu'il contient moins de violence. C'est exactement le contraire. C'est parce que ce procès va peut-être, en laissant s'exprimer les intentions de l'accusé et son système de défense, rendre visibles, en même temps que la force employée pour l'affaiblir, les fondations criminelles du pouvoir vainqueur.

La société commet le crime. La société est criminelle. Qu'est-ce que cela signifie? Est-ce que cela veut dire que la société tient l'arme du crime? Oui. C'est elle en effet, à travers la personne qui la représente physiquement (l'État), qui décide qui a le droit de porter l'arme et qui n'a pas ce droit, c'est elle qui distingue les armes dont le commerce, la détention et le port sont libres et celles qui sont interdites. L'arme, quelle qu'elle soit, n'est jamais utilisée sans que soit requise et exprimée la position de l'État et, partant, de la société à l'égard de son utilisation. Car il y a les usages permis et les usages interdits, les bons et les mauvais. Cela veut dire que l'usage de n'importe quelle arme dans n'importe quel but peut être socialement considéré comme justifié, bon et même très bon. Dans le procès politique, c'est l'accusé lui-même qui met en scène le bon exemple social et cherche à se l'approprier. Dans le procès de droit commun, c'est le juge qui fait ce travail. C'est-à-dire que c'est lui qui montre quelles sont les conditions du mauvais et du bon usage de l'arme. Toujours, il y a la force et la violence mises en scène, révélées comme un exemple, un exemple à imiter dans certaines conditions.

La société est criminelle. Qu'est-ce que cela signifie ? Est-ce que cela veut dire que les normes sociales dominantes encouragent le fort au détriment du faible, poussent à la compétition et à la sélection des plus égoïstes et des plus astucieux et préfèrent généralement ceux qui gagnent plutôt que ceux qui perdent ? C'est l'évidence. C'est une invitation permanente à posséder plus, à prendre plus, à paraître plus. Une telle invitation est naturellement ressentie de manière plus pressante par ceux qui n'ont rien d'autre que leurs bras, leurs jambes et un peu de tête. C'est à eux plus qu'aux autres que s'adresse l'appel de ces valeurs viriles censées apporter tous les biens et tous les avantages dont la possession est exemplaire. Est-ce que cela signifie que la société donne l'exemple du crime ? Bien sûr. Elle le fait de trois façons. Quand elle tue ou quand elle excuse le meurtre. Quand elle organise les conditions de la lutte pour le pouvoir et quand elle exploite, au détriment des intérêts de la victime et de l'accusé, l'ensemble des profits que lui procure la figure criminelle. L'exemple est donné. Mais il est très peu suivi. Les normes sociales conduisent au crime et l'individu ne suit pas, ou très peu. D'où cela vient-il? Est-ce la crainte de la sanction? Est-ce une morale individuelle qui l'emporte sur la morale sociale? Y a-t-il dans chacun d'entre nous une résistance intime qui le détourne de l'exemple? En tout cas, les faits n'attendent pas la réponse. Ils sont indiscutables. Il y a de moins en moins de crimes. Ce qui est sûr, aussi, c'est que la morale sociale, celle dont on se sert dans la rue et dans toutes les situations de crise ou de simples affrontements, pousse au crime et pas l'inverse. La société conserve très largement le monopole de la violence. Sur ce terrain, c'est elle qui gagne.

La question de la responsabilité, celle de savoir qui est le plus responsable – de l'individu ou de la société –, est traitée avec légèreté parce qu'elle apparaît le plus souvent comme une grande sottise. Dans le procès, on représente l'accusé et la société comme deux ennemis. C'est la société, avec son procureur, qui accuse et l'individu, avec son avocat, qui se défend. On entend le procureur reprocher à l'individu son comportement antisocial (ce qui ne fait rire personne), puis c'est le tour de l'avocat qui n'ose même plus parler de responsabilité de la société de peur de déclencher l'hilarité générale. Mais qu'y a-t-il d'antisocial dans le comportement criminel? Du point de vue où l'affaire est jugée, le comportement criminel tel qu'il est mis en évidence est d'une fidélité absolue au modèle social. Ce qui est mis en évidence, au détriment de tout le reste, c'est le désir d'avoir, de posséder, d'accumuler les biens produits par la société; et d'obtenir tout cela avec le moins d'efforts! Rien de plus banal, normal et, même, méritoire. Avoir des besoins, vouloir les satisfaire avec ce qui existe autour de soi, prêter intérêt et attention à toute cette bimbeloterie abondamment étalée, c'est le signe d'une personnalité plutôt intégrée socialement et même bien adaptée. L'illégalité des moyens employés n'y change rien, au contraire, s'il est démontré que cette illégalité était une source d'efficacité.

La société sous toutes ses formes (État, marché économique, système de valeurs) n'a rien à redouter de telles attitudes, qui ne peuvent l'affaiblir. Au contraire. Elle est satisfaite de se voir imitée, appréciée, concurrencée et d'avoir l'occasion de démontrer que la violence, qu'elle n'estime pas du tout mauvaise en soi, a besoin d'être légitime, c'est-à-dire d'être exercée par délégation du plus fort, pour être pleinement approuvée. Le procès devient ainsi une vitrine où sont exposées les vertus sociales et expliquées les bonnes façons de s'en servir. On fait croire aux juges qu'ils ne font pas de morale. On leur demande d'appliquer la loi sans avoir à se préoccuper de faire de la morale. En fait, le procès est l'occasion d'une grande et épaisse leçon de morale. Pas celle qu'on pourrait imaginer. Les « grandes valeurs de civilisation » n'ont pas cours. Qu'est-ce qu'on imagine ? Que le respect de la vie, de la personne de l'autre, de sa dignité, de ses différences va pouvoir se faire entendre ? C'est peut-être l'endroit du monde où ces notions paraissent le plus déplacées. Ah! naturellement, c'est, en fin d'audience, un défilé d'assistantes sociales, de prêtres, d'éducateurs, venus en rang d'oignon dire tout le bien qu'il faut penser du ou des accusés. Ils viennent les uns derrière les autres, au moment où les jurés sont le plus fatigués, faire entendre des paroles de charité. Si quelqu'un est curieux de savoir dans quelle haute estime la société et ses représentants tiennent la charité, qu'il vienne donc assister à l'une de ces audiences désertées (si les journalistes étaient là, c'est le moment qu'ils ont choisi pour partir) où, dans la lassitude générale, la gentille vieille dame vient raconter comment elle a découvert chez l'accusé des qualités de sensibilité et de cœur peu répandues. On l'écoute à peine. L'avocat général tripote et range ses papiers. L'avocat fait semblant de suivre ce qu'elle dit, trouve tout cela très bien et sait que cela ne servira à rien. Quant au président, il prend l'expression compassée d'un intérêt poli de façon que les jurés n'aient aucun doute : cette dame est gâteuse, elle mérite toute notre sympathie et cela n'a aucune importance pour la solution de l'affaire.

10

LES CHOCOLATS DE LA VIEILLE DAME

Tout de même, il y a deux personnes qui sont bouleversées. C'est l'accusé et la vieille dame. La vieille dame parce qu'elle dit la vérité et l'accusé parce qu'il la découvre. Pourquoi a-t-elle choisi d'être visiteuse de prison ? Est-ce qu'elle le sait ? C'est un mélange de désœuvrement, de bonne éducation, de curiosité inquiète et de besoin de servir. On a fait une enquête sur elle. Elle a rencontré les gens de la direction de la prison. On lui a expliqué tout ce qu'il ne fallait pas faire. On l'a mise en garde contre les mille sollicitations dont elle allait être l'objet : transmettre des messages, passer du courrier et après... Elle devait se montrer intraitable sinon c'était l'interdiction immédiate de communiquer. D'ailleurs, elle devait bien comprendre que la permission qu'on lui avait donnée était précaire, révocable à tout moment. Elle voulait rencontrer des criminels ? N'était-ce pas prématuré ? Il fallait qu'elle s'habitue. Il y avait des mesures de sécurité à prendre. La vieille dame a fait tout ce qu'on lui a dit. Elle a subi l'enquête, rempli les papiers, parlé avec les surveillants, regardé les détenus. On lui a dit quelques mots sur les faits qui étaient reprochés à ce garçon de vingt-cinq ans qui est accusé d'avoir tiré sur un policier. Elle a fait attention à tout cela. Elle a écouté tout le monde et puis un jour, à Fresnes, au bout du long couloir, à droite derrière la grande grille peinte en vert, dans le jour électrique et la chaleur odoriférante du chou recuit, elle a vu arriver vers elle un grand garçon efflanqué dans un survêtement trop large. Le tueur. Elle a pris un air renfrogné, sévère. Tout de suite une question lui est venue. Elle ne l'avait posée à personne et personne ne lui en avait parlé. Fallait-il ou non lui serrer la main? Elle a tendu vers lui le bout des doigts de sa main glacée, vite retirée. Ils se sont assis l'un en face de l'autre dans la petite cellule surchauffée et ils n'ont pas dit un mot. Sa première impression, mais naturellement elle n'a rien laissé voir, a été de bien-être. Elle n'avait pas du tout peur. Et, en plus – et cela elle avait plus de mal à le comprendre –, cette présence la rassurait. Toute cette organisation pénitentiaire, ces allées et venues feutrées et ordonnées, toutes ces portes qu'il faut une clé pour ouvrir, ces uniformes, ces files de détenus qui rasent les murs avec leurs paquetages, tout cela l'avait plutôt angoissée. Elle se demandait si elle avait eu raison d'aller dans les prisons. C'était dur à voir, plus dur que ce qu'elle avait cru. Et maintenant, il y avait ce garçon devant elle, et non seulement il ne lui faisait pas peur, mais il la rassurait. Aussitôt, elle s'est fait des réflexions. Ça commençait mal. On lui avait dit de ne pas se laisser aller, de ne pas céder à la sensiblerie (ce qui, croyait-elle, n'était pas son genre) et elle en était déjà là. A peine l'avait-elle vu qu'elle se sentait rassurée par lui. Alors, elle a durci ses traits et elle s'est mise à lui poser des questions, d'une voix froide, sèche, un tout petit peu nasillarde. Une voix qu'elle ne se connaissait pas. Là, c'est redevenu facile. Elle lui demandait quand il était né, où, s'il avait des frères et sœurs, ses parents. Il répondait, mais elle n'écoutait pas ses réponses. Il lui semblait qu'elles étaient faites sur mesure. Il lui semblait qu'elles étaient également très banales. Il parlait simplement, sans chercher ses mots, sans s'arrêter à des détails. Non, il n'avait pas souffert de son enfance. Oui, il avait un frère, plus jeune que lui. Sa mère était remariée. Oui, forcément, on s'était plus occupé du petit garçon que de lui mais il ne tenait pas à en parler. Il avait fallu qu'il se mette au travail de bonne heure. Voilà tout. C'était dit sans effort pour lui plaire, presque sans charme. Tout à coup, la pensée vint à la vieille dame qu'elle n'avait absolument pas le droit de poser toutes ces questions. Il répondait, soit, mais cela ne la regardait pas. Pourquoi répondait-il, au demeurant? Était-ce désormais l'habitude prise de répondre aux questions qu'on ne cessait de lui poser depuis son arrestation? Est-ce qu'il se rendait compte seulement qu'elle n'était pas très attentive à ce qu'il lui disait? Elle avait un visage sévère, un peu fermé même, mais ses yeux gris étaient capables de modifier toute l'expression de son visage. Elle le savait et s'en était beaucoup servie. Il lui suffisait de fixer ses yeux dans la direction de son interlocuteur pour lui donner l'impression qu'elle buvait ses paroles. Du moins elle le croyait. Pendant qu'il s'expliquait, elle comprenait qu'elle ne pourrait pas le quitter sans lui poser les questions qui l'intéressaient vraiment et qu'il ne semblait pas disposé à aborder spontanément. Elle trouvait qu'il avait une expression trop calme sur un visage trop lisse. Elle voyait affleurer les traits de l'enfant. Elle s'en voulait de cela. Ce garçon avait tué. Il n'était pas un enfant. Un moment elle avait espéré qu'il allait se livrer, laisser passer son désespoir, pleurer peut-être. Les questions qu'elle lui avait posées étaient un peu destinées à cela. Elle se rendait compte qu'elle avait cherché à faire tomber ses défenses pour le faire parler. Mais son attitude l'avait surprise. Il n'avait pas cherché à raconter son enfance de façon dramatique. Il n'avait cherché aucun effet avec son récit, qui était précis, sobre, aussi peu arrangé que possible. Alors, elle s'est jetée à l'eau. Elle l'a fixé plus intensément. Elle a observé leur silence jusqu'à ce que cela devienne gênant et puis elle a dit : « Mais enfin, pourquoi avez-vous tué ce malheureux homme ? » Elle lui a dit cela d'un trait et, à l'instant où elle a dit cela, elle a eu le sentiment – dans un éclair très rapide – que la formulation ne correspondait à rien, qu'elle était totalement artificielle. Elle s'est dit que c'était trop et que, cette fois, il n'allait pas répondre. Mais il n'a pas eu une hésitation. Il a eu l'air de trouver la question normale. A son tour il a dit : « Mais, madame, je n'ai pas voulu le tuer. » C'était la première fois qu'il disait « madame » dans une phrase. Il avait dit : « Bonjour, madame », mais c'était sans signification. Là, il venait de détacher les syllabes. Elle n'avait pas eu l'impression que c'était pour la convaincre. C'était plutôt pour se relever de la fatigue d'avoir à répéter quelque chose qui semblait évident. En même temps, c'était fait pour elle, presque pour elle seule. En tout cas, elle s'est aussitôt dit : « Je suis sûre qu'il dit la vérité. » Cependant, elle lui a demandé : « Pourquoi dites-vous cela ? Pourquoi dites-vous cela alors que vous avez tiré à bout portant ? » Il a eu un sursaut : « Mais je n'ai pas tiré à bout portant. » Elle a dit : « Tous les journaux l'ont écrit, pourtant. » Il a haussé les épaules et il a expliqué : « Quand je suis sorti de la banque, la police avait été prévenue et nous attendait. La fusillade a éclaté tout de suite. Dans une main, j'avais un sac contenant des pièces et dans l'autre, j'avais mon arme. Je me suis baissé dans un réflexe de protection et j'ai couru vers la voiture qui nous attendait. J'ai ouvert la portière du côté du conducteur et j'ai jeté le sac à l'intérieur. Ça continuait de tirer dans ma direction. Juste devant moi, la vitre avant gauche a éclaté. J'avais toujours l'arme à la main. J'ai voulu montrer que j'étais armé, faire cesser le tir et m'enfuir. J'ai donc tiré un coup de feu, mais je n'ai pas visé. On affirme que c'est cette balle qui a tué le policier alors qu'il y a eu énormément de coups de feu et que toutes les armes avaient le même calibre. Ce que je peux vous dire aussi, c'est qu'au moment où j'ai fait feu, à cet instant, j'entendais le bruit des balles – un chuintement très rapide – et j'étais sûr que j'allais être tué. » Quand il a eu fini de parler, la vieille dame s'est sentie soulagée et mal à l'aise. Son explication était vraisemblable et elle ne pouvait rien vérifier. Tout le monde l'avait traité d'assassin. Cela lui avait paru exagéré dès le premier contact, mais il était tout de même inculpé d'homicide volontaire. Il y avait certainement des éléments qui prouvaient qu'il avait voulu tuer. On venait de frapper à la porte de la cellule. Il fallait qu'elle s'en aille. Il s'est levé. Il lui a laissé le passage. Chacun partait de son côté. Lui s'enfonçait dans la division, elle allait remonter la longue allée centrale. Elle s'était retournée pour le voir s'éloigner. Elle risquait de glisser à chaque pas sur le parquet ciré de l'allée qui la conduisait vers la sortie. Elle se sentait en danger. Elle respirait mal. Elle irait voir son avocat.

Non, il n'y avait pas dans le dossier la preuve que la balle qui avait tué le policier avait été tirée par son arme, mais tous les camarades de la victime étaient sûrs, quant à eux, de ne pas avoir tiré dans la direction de leur ami. Ils avaient retrouvé la plupart des douilles percutées par eux et ils affirmaient que ces douilles étaient très éloignées de l'endroit où le policier avait été atteint. Et puis, ils avaient vu le geste de l'inculpé. Ils étaient formels. Il avait pointé l'arme dans la direction de la victime. Elle raconta à l'avocat l'explication que lui avait donnée l'inculpé. Il la connaissait. Il considérait que cette explication n'avait pas beaucoup d'importance. Qu'avait-il dit au juste ? La vieille dame avait fait bien attention pour être sûre de ne pas se tromper dans les termes. Il avait parlé de la Cour de cassation. La Cour de cassation avait une jurisprudence constante sur ce point. C'était à peu près l'expression qu'il avait employée. Et il avait ajouté : l'intention homicide résultait suffisamment du fait qu'il s'était servi de l'arme. Elle ne comprenait pas. Pour elle, l'arme était une chose et l'usage qu'on voulait en faire en était une autre. Il y avait toutes sortes de façons de se servir d'une arme. On pouvait tirer accidentellement ou dans un instant de panique. Est-ce que c'était vrai ? demanda-t-elle à l'avocat. Est-ce que les policiers lui avaient tiré dessus quand il était sorti de la banque ? L'avocat a pensé que la vieille dame radotait. Il venait de lui expliquer que les policiers avaient ramassé et compté les douilles qu'ils avaient eux-mêmes percutées. Il le lui avait donc confirmé. Oui, les policiers avaient tiré. Alors, elle comprenait de moins en moins. S'il avait eu peur, s'il avait fait feu pour se protéger, comme il le lui avait dit, est-ce que ça ne faisait pas disparaître l'intention homicide ? Elle agaçait avec ses questions. Cela, elle le comprenait bien, mais elle voulait être sûre. Était-ce bien ainsi qu'on allait le juger ? On n'allait pas exiger la preuve qu'il avait voulu tuer ? On se contenterait du fait qu'il s'était servi de l'arme ? L'avocat répondit que c'était à craindre, mais qu'il y avait les débats à la cour d'assises, que les jurés étaient libres de leur décision, qu'elle pourrait témoigner si elle le voulait. Il s'était levé et il l'avait accompagnée jusqu'à la porte. Elle avait pris son temps pour descendre les escaliers. Arrivée en bas, elle s'aperçut qu'elle avait oublié une chose très importante. Elle n'avait pas demandé à quelle peine il serait condamné si la cour d'assises jugeait qu'il avait tiré volontairement dans la direction du policier.

Elle était retournée à Fresnes. Il ne lui parlait plus des faits eux-mêmes. Il lui avait posé des questions sur elle. Il lui avait demandé si elle aimait les chocolats. Il lui avait aussi demandé si elle pouvait lui apporter un livre. C'était un livre de science-fiction qui appartenait à une série du même auteur. Quand elle l'avait demandé à la librairie, on lui avait apporté un énorme livre. Elle ne se doutait pas qu'on pouvait écrire des livres aussi gros sur des choses qui n'existaient pas.

Ce qui continuait de la préoccuper le plus, c'était cette histoire de volonté de tuer. Elle n'osait plus aborder directement la question avec lui. Alors, elle avait trouvé un biais. Elle lui avait dit : « Mais pourquoi êtes-vous allé faire ce vol ? – Comment dites-vous ? – Pourquoi est-ce que vous êtes monté sur ce braquage ? » Il avait souri et il avait répondu : « Pour m'amuser. – Vous trouvez ça amusant ? – Très ! » Mais il ne souriait plus en faisant cette dernière réponse. Il avait un regard très dur. Elle dit : « Quoi ? Vous en aviez besoin à ce point ? » Il n'avait pas répondu. Les mois avaient passé. Elle voyait d'autres détenus, mais elle n'allait jamais à

Fresnes sans l'appeler. Il ne lui parlait plus du tout de l'affaire. De plus en plus, c'était lui qui la faisait parler. Et puis, un jour, il posa la question : « Est-ce que vous viendrez au procès ? » Elle fut interloquée. L'avocat en avait dit un mot, mais elle avait eu l'impression que c'était dans un moment d'agacement. Venir au procès ? Bien sûr, si cela pouvait être utile. Mais pour dire quoi ? « Ce que vous voudrez. » De nouveau elle se mit à poser des questions. Pourquoi est-ce qu'il ne voulait pas parler de ses relations avec son beau-père ? Qu'est-ce qui s'était passé à la maison ? Il gardait le silence. Le jour de l'audience approchait. Elle était nerveuse. Elle allait le voir deux fois par semaine. De son côté, il était devenu très irritable. Il lui avait même écrit une lettre pour lui demander de ne plus lui rendre visite et qu'elle ferait beaucoup mieux de s'occuper de ses petits-enfants. Elle était retournée quand même et il ne l'avait pas trop mal reçue. Au cours de l'une des dernières visites, au moment où ils allaient se quitter, il avait posé sa main sur la sienne, qui était difforme, maigre, bleue et glacée. Au moment où elle avait senti sa main, elle s'était rappelé tout cela. Comment pouvait-il ? En même temps, il faisait signe qu'il allait se lever. Alors, elle l'avait retenu et l'avait, du regard, obligé à se rasseoir. « Maintenant, vous allez m'en parler. » Le ton était autoritaire, presque brutal. « Je veux savoir ce qui s'est passé entre vous et votre beau-père. » Il reprit sa main. De nouveau, elle vit dans son regard l'expression dure qu'elle avait remarquée quand il avait dit que c'était très amusant de faire des hold-up. Il s'était levé et il parlait d'une manière froide, neutre, en détachant tous les mots : « Il m'a chassé quand j'avais quatorze ans. Il m'a dit : " Tu n'es rien ici. Ta mère ne peut rien pour toi parce qu'elle aime aussi ton frère et parce qu'elle m'aime et qu'elle a besoin de moi. Tu vas partir parce que je ne veux plus que tu sois à ma charge et je ne veux plus te voir. Tu n'as rien? Et alors? Tu n'avais rien en naissant. Tu n'auras rien en mourant. " » Elle avait écouté cela en baissant les yeux. Quand elle les avait levés, il avait quitté le petit parloir. Ils ne devaient plus se revoir avant le procès.

Comme elle était témoin, elle n'avait pas pu assister aux audiences. Elle ignorait donc que les choses s'étaient passées comme elles avaient été prévues par l'avocat. Tout le fond de la salle était occupé par des policiers en civil venus exprimer leur sympathie à la mémoire de la victime. Par leur présence nombreuse et leur silence, ils pesaient sur les débats. La discussion avait surtout porté sur la question de savoir si la balle qui avait tué avait pu être tirée par un policier plutôt que par l'accusé. Les employés de la banque avaient entendu les coups de feu mais ils n'avaient pas vu la scène. Les faits s'étant produits en plein après-midi, beaucoup de gens auraient pu apporter leur témoignage, mais la police ne les avait pas retenus pour les interroger. Pratiquement, il fallait s'en tenir à ce qui avait été dit par les policiers. C'était comme un front uni. Toutes les déclarations aboutissaient à la même conclusion. Seul l'accusé avait pu tirer la balle mortelle. Si on analysait ces déclarations, on s'apercevait qu'elles n'étaient pas toujours très cohérentes. Certains avaient dû admettre que leur position ne leur permettait pas de bien voir la scène qu'ils avaient si précisément décrite. D'autres avaient même dû reconnaître qu'au moment où l'accusé était sorti de la banque (c'est-à-dire le seul moment où il avait pu tirer son unique coup de feu), ils n'étaient pas encore arrivés sur les lieux. Cela ne les avait pas empêchés de répéter, avec toute la solennité d'une déclaration faite sous serment, qu'ils avaient la certitude absolue que la balle mortelle n'avait pas pu être tirée par un policier. L'avocat avait réussi à plusieurs reprises à les mettre en difficulté, mais, chaque fois, le président manifestait un agacement qui isolait la défense, la plaçait dans le camp des ennemis d'un ordre pourtant si nécessaire et neutralisait partiellement la portée de ses interventions. L'avocat l'avait compris et avait cessé d'attaquer les témoins. Mais le plus significatif peut-être était que la question qui avait tellement tourmenté la vieille dame, la question de l'intention homicide, n'avait même pas été abordée. L'idée que l'accusé avait pu tirer sans vouloir atteindre personne, uniquement pour réagir à un moment où il risquait d'être tué, n'avait été exprimée par personne. Elle n'avait pas été effleurée.

Quand, à la fin de la deuxième journée d'audience, la vieille est entrée dans la salle pour faire sa déposition, elle ne s'est pas tout de suite rendu compte que tout le monde était fatigué. Elle était trop émue pour cela. Elle avait préparé quelque chose à dire, mais elle aurait préféré qu'on lui pose des questions. Le président s'est simplement tourné vers l'avocat en lui demandant quelle question il voulait poser à la vieille dame. L'avocat a dit qu'elle connaissait l'accusé et que c'était intéressant de savoir ce qu'elle en pensait. Elle a commencé à expliquer ce qu'avaient été leurs premières rencontres. Elle voulait parler des obstacles qu'elle avait dû franchir pour qu'il en vienne à lui confier quelque chose. Elle s'est arrêtée brusquement. Elle venait de le sentir. Personne ne l'écoutait. Alors, elle a sauté tout ce qu'elle avait préparé. Elle voulait absolument faire comprendre deux choses : que la façon dont son beau-père avait traité ce garçon aurait pu faire de lui quelqu'un de très dur et que, malgré cela, il n'était pas dur, au contraire. La seconde chose, c'était qu'elle était sûre qu'il n'avait pas voulu tuer. Que pouvait-elle faire ? Elle ne pouvait pas exprimer les choses comme elle les avait vues, sa certitude physique que ce garçon était gentil et que, profondément, il était inoffensif. Elle voulait tout de même faire ce rapprochement entre les leçons qu'il avait reçues pendant son enfance et la manière dont il en était venu à mépriser l'argent et tous ceux qui protègent l'argent. Elle voyait maintenant qu'elle n'y parviendrait qu'à moitié. La phrase où elle disait qu'il avait des qualités de sensibilité exceptionnelles allait être interprétée comme une pensée charitable alors que c'était exactement le contraire d'une pensée charitable. Elle a regardé le président. Elle a regardé l'avocat. L'accusé lui souriait. Elle aurait voulu qu'on lui pose d'autres questions. Le président s'est contenté de la remercier et de lui dire qu'elle pouvait rester dans la salle d'audience. C'était fini. Elle n'avait plus qu'à attendre le verdict. Ça a duré deux heures. Quand la cour et les jurés sont revenus, elle s'est dit : « Ils ont une sale tête. » Le président a lu les questions auxquelles la cour et le jury avaient dû répondre. C'était oui à toutes les questions, sauf à la dernière, où c'était non. A la question : y a-t-il des circonstances atténuantes ? la réponse était non. Elle était très inquiète, presque affolée, mais elle ne comprenait pas très bien ce que cela voulait dire. Elle l'a su quelques instants après. Il était condamné à la réclusion criminelle à perpétuité. Elle s'est dirigée vers le box. Déjà, les gendarmes l'emmenaient. Il s'est tout de même retourné comme s'il avait senti qu'elle le regardait. Il cherchait quelque chose dans ses yeux à elle. Elle n'arrivait pas à lui montrer ce qu'il cherchait. Décidément, elle était trop vieille et elle avait le cœur trop sec.

11

IL ÉTAIT COMME UN PANTIN UTILE

Il y a des juges qui croient qu'ils ne font que du droit, qu'ils ne font pas de morale! La loi interdit de tuer, mais ça n'était pas du tout à cause de la loi qu'il avait été condamné à la réclusion criminelle à perpétuité. Si les policiers l'avaient tué au cours de la fusillade, ils n'auraient évidemment pas été poursuivis. On les aurait sans doute félicités d'avoir marqué un coup au but. Si l'accusé avait été jugé coupable d'homicide volontaire, ça n'était pas du tout parce qu'on était sûr qu'il avait voulu tuer, mais uniquement parce qu'on considérait a priori qu'un homme qui se sert d'une arme au cours d'un hold-up ne peut que vouloir tuer. Si les circonstances atténuantes, enfin, lui avaient été refusées, ça n'était pas du tout parce que les juges avaient estimé qu'il n'y avait pas droit à titre personnel, c'était parce que la victime était un policier et qu'il fallait prendre une décision exemplaire. En réalité, c'était une grande leçon de morale qui venait d'être assenée. Elle est claire :

1) on peut tuer, c'est bien de tuer, quand la société le permet;

2) ce n'est pas la volonté de celui qui a accompli

l'acte physiquement qui en détermine la valeur et la signification, c'est le modèle social auquel cet acte s'est conformé. Ici, les armes sont faites pour tuer;

3) les circonstances extérieures à l'acte lui-même ont plus d'importance que son contenu. Ici, ce qui a pesé le plus lourd, c'est la qualité de la victime, le fait qu'elle ait été un policier.

La vieille dame ne s'attendait pas à cela. Elle ne croyait pas que la justice appliquait la morale sociale dans ses formes les plus brutales et les plus impitoyables. Elle avait pensé sincèrement qu'on se mettait à la recherche du rapport véridique entre la gravité de l'acte et les intentions personnelles de celui qui l'avait commis, qu'on s'obstinait à trouver la juste proportion entre le mal réalisé et le mal voulu et que la dureté de la sanction respectait cette proportion. Elle n'avait pas imaginé un instant que la violence pouvait régner en maître dans le procès si la violence était tenue pour légitime. La décision contre ce garçon, qui lui avait révélé des qualités personnelles indiscutables (et même assez rares), l'avait accablée, mais, surtout, elle l'avait surprise. Même le lendemain, et dans les jours qui ont suivi la décision, elle demeurait sceptique. Elle savait qu'elle avait bien entendu, que ce garçon qui n'avait pas voulu tuer avait tout de même été condamné à la réclusion criminelle à perpétuité, mais elle restait sceptique. Avec les idées simples qu'elle avait sur la vie, elle se trouvait devant une impossibilité morale majeure. Elle ne pouvait pas se représenter que la justice était bien plus destinée à approuver la violence qu'à la sanctionner. Elle ne pouvait tout simplement pas comprendre que ce que la justice fait payer le plus chèrement au coupable, ce n'est pas le fait qu'il ait commis un acte répréhensible, c'est au contraire le fait qu'il n'ait pas rempli les conditions pour que cet acte soit approuvé. Ce n'est pas l'appréciation morale de la faute qui détermine la condamnation, c'est plutôt le ressentiment né d'un échec : l'impossibilité de légitimer la violence dans tous les cas.

Dans cette matière, on assiste à de curieux abus de langage. C'est une idée commune très répandue que le maximum de compréhension conduit au maximum d'indulgence. En somme, on peut tout comprendre, mais il ne faut pas le faire parce que cela conduirait à une attitude de bienveillance excessive, de faiblesse ridicule. Qui ne voit qu'en réalité il est très facile de comprendre le crime, que tout – dans la vie sociale – nous conduit non seulement à le craindre comme un événement inévitable, à le rechercher dans toutes les situations où le malheur l'emporte et commande, mais aussi à l'admirer chaque fois que cela est possible et, toujours, à le comprendre ? « Mon Dieu! répéta souvent Franny par la suite. Ils se fichaient éperdument que leur fille soit témoin d'un crime, mais ils refusaient de la laisser entendre parler d'un orgasme. Y'a pas à dire, ils sont bizarres, les Américains [1]. » Les Américains ne sont pas seuls. En réalité, tout le monde comprend très bien le crime. Ceux qui sont chargés de le réprimer aussi. Et ils le font d'autant plus durement qu'ils le comprennent mieux s'il se trouve que les circonstances du crime ne permettent pas de manifester son adhésion. Les policiers de terrain en font quotidiennement l'expérience, plus ou moins à leurs dépens. Ils voient bien quelles sont les

1. John Irving, *Hôtel New Hampshire*. Éditions du Seuil, 1982, pour la traduction française.

qualités qu'on admire en eux. Loyauté, prudence, objectivité ? Bien sûr que non. Ça n'est pas ainsi qu'il faut se comporter pour devenir un « super-gendarme » ou un « super-flic ». Pour avoir son portrait à l'affiche, il faut faire partie, ou mieux encore diriger une « équipe de choc ». Savoir pratiquer l'« intervention musclée ». Avoir le « goût du combat », un « tempérament fougueux », celui de « l'homme d'action par excellence ». Alors, on pourra espérer se faire apprécier et aimer, des voyous eux-mêmes, devenus à leur tour « grands voyous » pour avoir été arrêtés par les « grands flics » [1].

Ennemis, l'accusateur public et l'accusé ? Beaucoup plus concurrents qu'ennemis. Plus précisément, l'accusé est artificiellement placé par l'accusateur en position de concurrence. Il faut qu'il ait les vertus du crime, qu'il en ait le plus possible. Après seulement on pourra le combattre et sa défaite ne sera pas celle du crime, mais la sienne, celle de l'individu, inférieur à son rôle, indigne de lui. Aussi le procès criminel ne met-il nullement en valeur un comportement antisocial, mais plutôt son contraire, la figure criminelle telle qu'elle est redoutée et désirée, c'est-à-dire admirée. Le grand air de l'accusateur public mettant en scène un comportement prétendument antisocial est d'autant plus singulier que les actes réellement antisociaux (fraudes fiscales et toutes les formes d'atteinte au crédit de l'État) sont jugés dans du coton et ne donnent jamais lieu à de telles envolées de la part du parquet. Finalement, la démons-

1. Toutes ces expressions ont été utilisées dans *le Quotidien de Paris* du 25 août 1982 pour commenter les nominations d'un policier et d'un gendarme à des postes de responsabilité.

tration judiciaire est une pure démonstration de force. Elle ne peut pas, et d'ailleurs elle ne veut même pas appréhender la violence comme une valeur négative. Elle joue de tous les ressorts de la fascination, du désir et du refoulement pour l'exhiber de manière très positive. Elle n'est pas du tout destinée à combattre le crime, mais à en reconstituer, à travers une figure criminelle artificielle, les mécanismes supposés. Elle n'est pas faite pour distinguer et isoler la faute personnelle de l'individu accusé du crime, elle est là pour apporter une jouissance. Les gens de justice n'ignorent pas que l'institution n'est pas faite pour rendre justice à ceux dont elle se saisit, ils n'en continuent pas moins de la servir. Pour eux, elle persiste à exister concrètement car elle les rassure et les protège en leur concédant, dans leur besogne quotidienne, le droit d'exercer un peu de la terreur et du pouvoir qu'elle inspire et qu'elle détient. Les actes poursuivis ne doivent pas être classés en fonction de leur gravité réelle, mais en fonction d'un tout autre critère. Il y a les affaires où l'inculpé peut être physiquement *touché* et les autres. La justice criminelle ne réalise ses fins actuelles que lorsqu'elle s'empare d'un individu qui a été capturé, sur lequel le pouvoir a porté la main et qui peut encore, à tout moment, être touché. L'accès à ce droit ne repose absolument pas sur des distinctions morales, mais plutôt sur des distinctions sociales. Les jeunes gens qui voient leur ambition d'imiter le modèle social prise dans le moule de la figure criminelle n'appartiennent pas généralement aux classes les mieux pourvues. Ils dépendent le plus souvent d'un type social, tenu en réserve à la fois pour incarner la figure criminelle et donner l'illusion qu'elle est combattue. Ils ne sont pas punis en raison de leurs torts personnels, mais d'après leur capacité à supporter et à exprimer ces valeurs viriles, ces valeurs de combat dont la société raffole. Il y a une forme de discrimination sexuelle sur laquelle les théories féministes se sont peu penchées jusqu'à présent. Pourquoi y a-t-il si peu de femmes en prison ? D'où vient cette forme d'inégalité qui ne respecte aucune proportion [1] ? Dira-t-on que les femmes sont moins portées que les hommes à enfreindre la loi ? Ne faut-il pas plutôt admettre que le modèle social de la violence n'est pas féminin mais masculin ?

L'importance de la figure criminelle dans la vie sociale ne se manifeste pas seulement sur le terrain judiciaire, elle s'exprime avec autant d'éclat à travers le rôle joué par le comédien, l'acteur. Il ne s'agit pas uniquement, loin de là, de ces situations où des histoires criminelles sont transformées en films ou en pièces de théâtre et où des comédiens jouent, sans rougir, le rôle du tueur de sang-froid. C'est tout un système d'affinités profondes qui rapproche le criminel et le comédien. Avant tout, ce sont des individus qui se montrent. La formule est encore trop personnelle. Il faudrait dire cela autrement. Ce sont des individus qu'on montre. Deux scènes se télescopent. Dans l'une, on est à Cannes, au palais des Festivals, au pied de l'escalier qui y conduit. La foule est massée le long des marches. Il y a des haies métalliques, un cordon de police, un afflux désordonné de photographes. L'œil doit franchir ces quatre obstacles successifs pour atteindre son but : les visages et les corps des vedettes. Dans l'autre scène, il y a les mêmes obstacles, mais cela se passe à Paris, à l'entrée du Quai des Orfèvres, et la cible du regard, ce sont des gens

1. Trois pour cent de la population pénale.

qu'on vient d'arrêter. A Cannes, les visages sont ouverts, offerts et souriants. A Paris, ils sont fermés, douloureux et parfois même dissimulés. A Paris et à Cannes, ils sont l'objet d'une même curiosité. Ce qui n'est pas le moins remarquable, c'est qu'ils obéissent au même rituel. Les visages de Cannes *doivent* être souriants. Les visages de Paris *doivent* être fermés. Si on voyait à Cannes l'expression surprise à Paris, ce serait indécent. Si on voyait à Paris l'expression saisie à Cannes, ce serait encore pire. Les comédiens de Cannes n'ont pas plus de plaisir à se faire photographier que les suspects de Paris. Les uns offrent les traits de leurs visages, les autres les refusent, mais chacun d'eux *compose* son expression. Chacun cherche à exprimer le mieux possible les sentiments que le public attend d'eux. A cet instant, les contraintes qui pèsent sur le comédien ne sont pas moins dures que celles qui pèsent sur le suspect. Celui-ci doit manifester une douleur ou une protestation afin de démontrer que la mise à l'index ne s'applique pas à lui. Le comédien, lui, doit prouver au contraire qu'il est digne de l'intérêt qu'on lui porte. Cela signifie qu'ils doivent, l'un comme l'autre, faire parler leurs visages, non pas (comme nous le faisons chaque jour en présence de nos interlocuteurs) en s'adressant à une personne connue dont il est possible d'apprécier les réactions à chaque instant, mais en jetant dans le vide, comme un même appel de détresse, le besoin de convaincre chez l'un, le besoin de plaire chez l'autre. Leurs expressions, figées par l'image, nous livrent des secrets qui sont étroitement attachés à leur personnalité. Ils le sont tellement que les tribunaux interdisent d'ordinaire la captation et la reproduction de la photo d'une personne qui n'y aurait pas consenti. L'interdiction vaut pour tout le monde, mais pas pour les criminels, pas pour les comédiens [1]. Leur image à eux est de libre parcours chaque fois que l'actualité le justifie. Seulement, ce n'est pas parce que le visage des comédiens et des criminels exprime leur personnalité qu'il intéresse les photographes. C'est plutôt parce qu'il est censé exprimer les sentiments que nous éprouvons et que nous n'osons pas manifester de peur de paraître impudiques, certes, mais de peur surtout de ne pas savoir les extérioriser avec assez de force. Joie, désir, souffrance. Les situations que recrée la fiction sont destinées à aider ou à contraindre le comédien à mettre ces passions sur son visage. Ce que nous attendons de lui pour l'admirer, c'est sa capacité à rendre perceptibles la violence et le désordre de nos sentiments tout en leur conservant l'intensité et la continuité qui les rendent vérifiables. En nous, ces sentiments ne sont qu'une ébauche de la personnalité à laquelle nous aspirons. En eux, ils la réalisent. Une fois que le comédien a fait la preuve de son aptitude à interpréter les situations dramatiques pour faire surgir les personnalités dont nous portons l'esquisse, il ne s'appartient plus tout à fait. Il le reconnaît lui-même, dans sa gentille vanité. Il appartient à son public. Il a renoncé volontairement à une partie de sa personne pour faire mieux voir la personnalité d'autrui ou, plus exactement, pour réaliser dans sa personne les personnalités dont son public a les désirs mais pas les audaces. Avec les artifices de la scène et du costume, les dispositions naturelles de son corps et de son esprit, il cherche à rassembler, à *placer,* sur sa voix, ses gestes et ses expressions, les bouts de vie qui

1. Elle ne vaut pas non plus pour les hommes politiques.

nous donnent l'illusion d'agir et d'exister. Il fait un dur travail de construction. Mais il construit son personnage sans jamais se préoccuper de savoir si les actions dont il a besoin pour le réaliser sont bonnes ou mauvaises. Le but de ce travail n'est pas de représenter une action bonne plutôt qu'une action mauvaise pour inspirer en retour des actions bonnes plutôt que des actions mauvaises. Peu lui importe. Le but n'est pas non plus l'action. Il n'a pas à se soucier qu'elle atteigne ou non son objectif. Le but est que cette action ou cette situation soit montrée, figurée, interprétée de telle manière que cette démonstration, cette figuration, cette interprétation nous délivre, ne serait-ce qu'un seul instant, du sentiment d'avoir insuffisamment vécu cette situation, de l'insatisfaction de n'être pas allé jusqu'au bout de cette action. Le comédien ne nous fait rien découvrir. Il nous guide à travers nos paysages les plus familiers. Seulement, il s'efforce de nous faire croire que ces lieux si connus, ces décors si quotidiens, ces situations si banales sont capables de nous faire éprouver des sentiments qui épuisent nos désirs, nous mettent à bout de forces et nous font faire le tour de notre domaine. Alors, nous sommes prêts à l'aimer et à lui vouer un véritable culte. Il ne résout aucune énigme. Il ne répond à aucune question. Il n'apporte aucune solution nouvelle. Nous sommes disposés cependant à l'adorer. En lui, ce que nous voyons, ce dont nous jouissons, ce que nous cultivons dans la tendresse, la jalousie et parfois la passion, c'est un geste qui commence, un geste qui finit. Nous lui sommes infiniment reconnaissants d'avoir consacré toute son intelligence, toute son imagination et tous ses efforts à reconstituer d'un bout à l'autre, dans tous ses détails les plus insignifiants, le pauvre geste dont nous attendions un si grand résultat que nous n'osions même pas l'attaquer.

Pour lui, en contrepartie de ce culte, nul besoin d'accomplir aucune entreprise. Il se trouve porté au sommet de la félicité sociale avec les choses les plus simples, dans un dénuement total de moyens d'existence et de buts de vie. Il ne donne pas d'exemple à suivre. Il n'a pas de modèle à proposer. Il a les résultats et, pourtant, il n'avait aucune fin à atteindre, aucune œuvre à accomplir. Ainsi, ce personnage est sans fond, sans suite, sans héritage. Il est léger, aérien, inconsistant. Tout à la fois, c'est un aimant. On veut le voir, l'approcher, le toucher, lui ressembler. On l'imite, on s'habille comme lui, on veut vivre comme lui, faire comme lui. Il est lui-même et il ne s'appartient plus. Son image ne lui appartient plus. Il s'est rendu aimable en exprimant mieux et plus intensément que chacun d'entre nous les sentiments qui nous font rêver d'actions que nous n'accomplirons pas et, maintenant, cet amour lui dicte sa conduite. Son visage, détaché de lui, reproduit, exploité, est employé à des usages qui n'ont plus rien à voir avec sa personne, qu'il ne connaît même pas. C'est encore lui, sa forme, son aspect, et c'est aussi une chose extérieure sur laquelle il n'exerce plus aucun contrôle.

Voici désormais sa situation. Il a conquis son public par son aptitude à se détacher de lui-même et à se servir de sa personne et de son aspect pour imiter des sentiments qu'il n'éprouve pas, accomplir des actions qu'il n'a nul besoin d'approuver. Peu à peu, une transformation a eu lieu. Son corps, sa démarche, ses expressions ont pris une signification collective à laquelle chacun peut se référer. Cette signification dépend de moins en moins des rôles qu'il interprète. Elle reste attachée à sa personne, mais elle lui appartient moins. Il ressent à la fois la satisfaction d'être élu et d'exister pleinement comme individu et la peur de se dissoudre et même de disparaître comme personne. Il a réussi à construire une sorte d'autonomie qui lui permet de vivre d'une certaine façon en dehors de lui. C'est le personnage qui est imité et aimé, ce n'est pas lui. Mais c'est lui, cependant, qui doit en permanence répondre aux exigences qui se manifestent autour de son personnage et continuer de le servir comme s'il ne lui échappait pas. Il doit ressembler à ce personnage construit, il doit même avoir la personnalité de ce personnage construit. Il est donc, lui, le comédien, conduit en permanence à répondre à des questions, adopter des attitudes, prendre des positions qui n'ont plus qu'un rapport très lointain avec son travail d'acteur. Il comprend à quel point il s'éloigne de ce travail et il n'a aucun moyen d'empêcher cette évolution qui est le résultat normal de l'excellent travail de construction qu'il a réalisé. Une telle évolution ne se fait pas sans provoquer de grands changements dans sa personnalité, son caractère et son comportement. L'emprise de plus en plus forte qui s'exerce sur lui lui apporte une abondance de biens et de plaisirs dont il jouit de moins en moins. Plus il a de succès, moins il apprécie ce succès. Plus les marques d'affection se multiplient, moins il se sent aimé. Plus il a de pouvoir, moins il a envie de l'exercer. Il subit une espèce de manipulation de son identité qui se manifeste de manière très concrète. Les images de lui ne sont pas les seules choses demandées. Sa vie personnelle aussi doit s'ouvrir à la curiosité publique. Au début, il se livre facilement car il pense que cette publicité est une nécessité professionnelle qui va faciliter sa carrière. Il ne perçoit pas encore le danger. Il a un tel besoin de cette curiosité qu'il n'a aucune raison ni aucun intérêt à lui faire obstacle. Il n'y songe même pas. D'ailleurs, elle commence par se comporter d'une façon très agréable, mettant en valeur ce qu'il y a en lui de plus beau, de plus désirable, de plus conforme à la mode du jour. Il ne voit pas encore quels sont les ressorts de la curiosité à laquelle il se prête, que cette curiosité n'est pas faite pour respecter des limites, qu'elle trouve certes sa source dans des sentiments de reconnaissance et d'admiration, mais qu'elle suit désormais un tout autre cours; qu'elle est destinée à obtenir de lui des choses inacceptables. Avant tout, elle lui demande d'être aussi beau et attrayant que possible. Puis elle lui propose de s'exhiber. Mais l'exhibition, même très impudique, ne suffit pas. Il faut maintenir une cause d'excitation, ce qui signifie que l'exhibition doit être aussi une provocation perpétuellement renouvelée. Les limites physiques de l'exhibition et de la provocation étant vite atteintes, le centre du terrain se déplace. D'abord vers la vie privée, plaçant le comédien devant un choix difficile, celui de révéler au public des mœurs aussi dissolues que possible (c'est le parcours le plus direct et c'est aussi une impasse), celui d'apparaître au contraire comme un parangon des vertus familiales ordinaires. A chaque étape du parcours, il y en a un certain nombre qui s'arrêtent, soit qu'ils aient abandonné la course, soit que la course les ait abandonnés. Quelle que soit l'option faite par le comédien à l'égard de sa vie privée, c'est la même obligation de tout montrer, mais de façon nécessairement superficielle. On montre la maison, l'intérieur de la maison, toujours propre, toujours cossu; les enfants, toujours en bonne santé et, bien sûr, tout un trésor d'objets de fabrication récente et coûteuse. Mais ce n'est pas fini. Le plus dur reste à faire. La dernière étape de la provocation et de l'excitation n'est plus physique, ni affective, ni sentimentale, elle est intellectuelle. On ne peut plus s'y soustraire. Il faut faire connaître son opinion. D'abord sur des choses sans importance. De quelle manière est-ce qu'on se nourrit ? Est-ce qu'on aime le sport ? Puis ce sont les goûts plus raffinés. Quelles lectures ? Quels films ? Enfin les questions les plus attendues : que pense-t-on de l'évolution des mœurs, de l'école, de la situation économique, du régime en place ? Hésitation de la part du comédien. Que faire ? Est-ce bien son rôle de prendre parti « politiquement » ? Doit-il réellement faire connaître son opinion ? Réticences de sa part. Insistance du journaliste qui pense qu'il finira bien par céder à la sollicitation. Certains s'en tirent par une pirouette. Ils sont des citoyens comme les autres. Ils n'ont rien de particulier à dire. Ils mettent leur bulletin dans l'urne après être passés dans l'isoloir. Le vote est secret. Ce faisant, ils sentent qu'ils laissent passer quelque chose, une occasion de plus de faire parler d'eux, certes, mais surtout d'utiliser, d'exploiter leur personnage. Dans les temps calmes, il est plus facile de rester sur la réserve. Viennent les élections, les appels plus pressants, l'apparente nécessité de faire un choix, alors les listes se forment, les comédiens y figurent en bonne place, plus mal à l'aise que jamais. Politiquement, ils n'ont strictement rien à dire. Non pas du tout qu'ils soient indignes de la politique. Au contraire. Leur travail, cette expérience quotidienne du corps, de ses vrais besoins, de ses ruses, de ses manières d'être pour convaincre, mentir, s'exposer ou se dissimuler, ce choix d'un labeur si démuni, si désarmé, leur donnent des vues claires sur la nature du pouvoir. Ils voient bien quelle machine c'est. Mieux que nous, ils perçoivent ce qu'il y a d'artificiel, de composé et de ridicule dans les palabres politiques, les jeux de menton, les serments d'honneur, les proclamations de fidélité, tout le bataclan. Tout les porte à critiquer, contester, tourner en dérision le pouvoir. Pour ainsi dire, c'est leur métier. Mais, quand le piège s'est refermé sur eux, quand ils ont accepté de répondre à toutes les questions, sur la vie privée d'abord, sur la vie affective et sur les choix politiques, il n'est plus temps de déplaire. Il y a une attente qui s'est exprimée; elle s'est glissée sous la peau du comédien, elle a emprunté les traits de son visage. Elle le pousse vers d'autres succès. Il a des ressources que les autres n'ont pas. Il parlera, avec des mots simples, le langage de tous les jours. Est-ce bien sa voie ? S'il laisse faire, s'il tombe là-dedans, il tombe forcément à droite. Il a beaucoup appris, mais pas à déplaire. Le franc-parler va avec les idées simples, l'arithmétique des ménages, la règle du travail et de l'effort. Au boulot! Du pognon, il n'y en aura pas pour tout le monde. Allez-y, les petits gars, que le meilleur gagne! Les Américains ont su nous montrer ce que le comédien donnait en politique. Ainsi, la boucle est bouclée. Au début, le comédien a réussi à se faire aimer pour l'essentiel, pour rien. Il n'avait absolument rien à dire, aucun message à transmettre. Son travail, son métier, c'était de faire basculer tout son corps, tout le poids inerte de son moi inutile dans une action extérieure quelconque. Il se jetait dans un mouvement qui emportait son moi inutile et en même temps ce mouvement était complètement expliqué, rendu visible par ce moi inutile. Jusqu'à ce que le comédien ait le sentiment, « la conviction de réaliser une action d'une intégrité totale [1] ». Son travail avait quelque chose de très austère et même d'ascétique. Il assumait entièrement l'idée de son moi inutile, éprouvant forcément le sentiment de perte qui va avec cette idée, il acceptait de vivre dans un tel renoncement et il mettait toute la force de ce sacrifice, de cette humilité, au service d'une représentation claire, « intègre », d'un simple geste, d'une attitude, d'une émotion. De cette façon, on voit bien qu'il prenait son départ dans une détresse morale personnelle, une personnalité fragile, peut-être une blessure dans l'enfance. Après, avec le succès, avec la gloire parfois, il pourra oublier ces origines, mais ces origines ne disparaîtront pas puisque ce sont les propres fondations de son métier. Transformé par l'amour du public, devenu une espèce de figure qu'on brandit et qu'on manipule, incapable de renoncer à plaire, incapable de faire autre chose qu'essayer de plaire, il pourra se laisser entraîner à rendre des services qui n'ont aucun sens pour lui, à incarner des idées qui n'ont pas de valeur particulière à ses yeux. S'il fait cela, ce n'est pas tellement parce qu'il veut le faire, c'est parce qu'il a pris l'habitude d'être envahi par les goûts du public, par ce qu'on lui a dit des goûts du public, parce qu'il a laissé la curiosité publique pénétrer son existence au-delà de ce qu'il était capable de supporter et de maîtriser. Désormais, il est sans forces pour résister au mouvement qui le porte à incarner les valeurs du modèle social dominant. Il est en loques.

1. Constantin Stanislavski, *la Construction du personnage,* Librairie Perrin, 1966, pour la traduction française.

Pantin utile. Surtout, il n'y a plus qu'un très lointain rapport entre ce qu'il a voulu faire, non pas de sa vie (car il avait trop de lucidité et d'humilité pour penser qu'il y avait quelque chose à faire de la vie en particulier), mais de son métier, entre ce métier et la façon dont la société se sert de lui. Le fossé qui sépare le comédien de l'homme politique ne peut pas être comblé par le travail du comédien seul. C'est le résultat d'un concours de forces sociales auquel il ne s'est pas volontairement préparé et qu'il n'a pu, faute d'un vrai talent ou d'un grand caractère, combattre.

Le criminel est pareil. Comme le comédien, il est le pantin utile. Il a fait comme lui devant les blessures de l'enfance. Il s'est *arrêté* sur elles et il les a considérées. Peut-être lui ont-elles semblé injustes et imméritées, mais, surtout, il ne leur a reconnu aucune valeur éducative. Il n'a pas accepté qu'elles le forment et qu'elles l'instruisent des détours à observer (ruse et astuce) pour obtenir sans coup férir ce qui est d'abord refusé et qui paraît dû cependant. Plutôt que de plier sa personne et sa volonté devant un monde jugé hostile ou vain, il a – lui aussi – fait basculer son corps dans le geste qui apporte la satisfaction immédiate. Il s'est appliqué à suivre son désir ou, plus précisément, le désir, celui que la loi définit elle-même en interdisant son objet. Violant la loi, il a dit : « Je veux cela et je l'aurai. » Il n'est pas resté enfermé dans le petit univers obscur fait d'arrière-pensées et de calculs où nous tirons des plans pour atteindre nos buts, sans rien laisser paraître. Faisant ce qu'il est interdit de faire, il s'est exposé à montrer ses besoins et à avouer qu'il était prêt à tout pour les satisfaire. De cette façon, il s'est rendu très aimable et très utile car il a prouvé que ce besoin justifiait un effort et méritait qu'on en poursuive – par d'autres moyens, légaux cette fois – la satisfaction. Son action est paradoxale par excellence. Elle lui a apporté quelque chose. Elle a nui à celui dont il a bousculé ou sacrifié les intérêts, mais elle a aussi exercé une tension sur le ressort de nos énergies. Elle les a mobilisées à nouveau et nous a renforcés dans notre volonté d'atteindre le même résultat que lui sans prendre de risques. Paradoxalement encore, son action aura rempli sa fonction sociale même si elle n'a pas réussi. Il aura suffi en effet qu'elle soit tentée pour jouer son rôle d'exemple. Quant à lui, quant à sa personne, le plus souvent très éloignée de ce modèle, elle est désormais livrée au public. Les raisons particulières qui l'ont poussé à agir, l'ensemble des déterminations personnelles qui l'ont amené à défier ouvertement la loi, tout cela n'a pas beaucoup d'importance. Le fait – au demeurant indiscutable – que son action ait été encouragée, favorisée par les circonstances sociales de sa naissance et de son éducation, compte beaucoup moins que l'image extérieure projetée par l'action. Que sa volonté d'agir ait été réduite ou oblitérée est beaucoup moins important que l'apparence extérieure de l'action, puisque cette action a une valeur sociale qu'il faut préserver. Comme le comédien, le criminel ne peut se dispenser d'exposer au public l'intimité de sa vie privée. Évidemment, l'exposition n'est pas tout à fait présentée de la même manière. Dehors, les roses et les bleus! Arrière, les parfums et les fleurs! On ne fait plus dans le gnangan. On est passé de *Jours de France* au *Parisien libéré.* Pas d'histoires cette fois, des faits! C'est vrai, le décor a changé, mais il n'y a que le décor qui a changé. La pièce et les personnages sont les mêmes et, comme le comédien tout à l'heure, il faut qu'à l'instant le criminel joue son rôle. La pièce à jouer, c'est le crime à interpréter. Pas plus que le comédien, il n'a écrit le texte. La mise en scène et les décors ne sont pas davantage de lui. Le criminel est au crime ce que le comédien est à la pièce. Tout le sens doit se voir à travers les manifestations physiques de sa volonté et de son caractère. L'un et l'autre ont cette mission à remplir. C'est tout un travail de représentation et ce n'est qu'un travail de représentation. Sur ce travail, il y a une poussée qui s'exerce en permanence. De même que le comédien est entraîné à sortir des limites de son métier pour répondre à l'attente de son public, le criminel est constamment mis en demeure de s'imposer comme une figure qui aille au-delà des limites du crime. Il a très bien compris que sa volonté personnelle ne comptait pas ou très peu. Il a également très bien compris que le pire était attendu, parfois même exigé de lui. Il doit choisir. Ou bien il s'efface et subit passivement les effets d'une démonstration publique qui ne fait que passer par lui. Ou bien il relève ce défi, se fait provocant à son tour, joue à fond le jeu qu'on est venu voir, renvoie toutes les balles et, rival de son public, poussé par lui, se met à ressembler de plus en plus à l'idée négative a priori qu'on se faisait de lui. Alors, il sort de son crime comme le comédien sort de son rôle. Ils font la même politique. Ami de la société, ennemi de la société, ils se ressemblent, chacun rivé à son image, incapable de se détacher de son personnage, conscient que ce personnage ne lui ressemble plus, inapte à rompre cet échange, qui l'a détruit, qui l'a comblé. Cette valeur sociale, positive ici, négative là (ou l'inverse), s'applique à eux tout en étant détachée d'eux. C'est une sorte de valeur ajoutée. Ils peuvent en souffrir ou bien en profiter, mais elle n'est plus sous leur contrôle, elle n'est plus dans leurs mains. C'est un concours d'interventions qui a eu lieu et s'est formé. Ils en ont pris la tête, ils ont l'air de mener l'affaire, alors que c'est l'affaire qui les mène.

Mais la justice n'est pas la comédie. Elles ne se distinguent ni par le sérieux, ni par l'objectivité, ni par la rigueur, mais par la nature de leurs jugements. Le public est souverain. Il apprécie souverainement ce qui lui plaît et ce qui ne lui plaît pas. Si ça lui plaît, c'est bien. Si ça ne lui plaît pas, c'est mal. C'est la règle sur les boulevards. Les choses sont en réalité plus nuancées. On se force à aimer des œuvres qui ne nous plaisent pas, mais, à la fin, il faut que le goût et le jugement coïncident. Au tribunal, les choses ne se passent pas autrement. Seulement, on ne le dit pas. On dit même tout le contraire. Le jugement est censé opérer la sainte distinction entre ce qui est bien et ce qui est mal, aider le gentil, punir le méchant. La justice sonde les reins et les cœurs. Elle plonge dans les profondeurs et, quand elle revient à la surface, elle rapporte des trésors engloutis. Elle prononce des verdicts qui s'appuient sur ces vérités indiscutables qu'elle avait, seule, les moyens de discerner. L'institution se nourrit de ce genre de clichés. Toute sa vitalité repose sur eux. A cause de cela, les conséquences de la condamnation pèsent encore plus lourd. Elle rend fou. Elle écrase. Pourtant, le jugement se forme dans le creuset d'une morale qui est, elle-même, condamnée. C'est la loi du fort que le juge applique. Il suit le goût commun. Il fait plier le faible devant le fort parce que le fort est plus aimable que le faible. Qu'il en soit conscient ou non, qu'il le veuille ou non importe peu.

12

VIVE LA TERREUR!

Pourquoi le juge comme personne aurait-il un goût particulier pour la violence? L'hypothèse est absurde. Même si la personne du juge est profondément impliquée dans son jugement, les caractères spécifiques de sa personnalité influent assez peu sur la formation de celui-ci. La décision judiciaire est le résultat d'une méthode qui laisse peu de place aux penchants individuels. Si ces penchants existent, ils sont absorbés par l'institution. Si le juge, à la fin, approuve le crime, c'est le processus de la formation du jugement qui l'y conduit. Il ne part pas du bas, il part du haut. En bas, c'est l'action, ce qui s'est passé, les faits les uns contre les autres, les intérêts opposés, cause contre cause, la lutte quotidienne, le corps à corps, les mélanges, la confusion, chacun a ses raisons. Juger, c'est tenter de séparer tout cela. Comment s'y prendre? Qui est-on pour faire cela? D'où nous vient cette folle prétention? Qui nous le permet? La loi. Que dit-elle? Qu'il y a ce qui est permis et ce qui est interdit. Qu'il faut punir celui qui a fait ce qui est interdit. Qu'on peut le punir s'il avait toute sa tête, s'il a voulu ce qu'il a fait, et qu'on le punira d'autant plus sévèrement qu'il a fait plus de mal et qu'il était plus fort. Juger ainsi, comme le permet la loi, c'est rester en bas, au niveau où était la vieille dame. Mais en réalité ça ne se passe pas de cette façon. Le procès est conçu de telle manière qu'on part du haut. On présente l'acte à juger comme s'il avait été voulu par quelqu'un qui est capable du pire, comme si le hasard seul avait fait que le pire n'était pas arrivé. Dans le procès, on se met en position de rechercher et de traiter le pire – en fait de malheur, de souffrance, de mal – comme un événement normal et non pas comme un événement exceptionnel. Après, on ne se demande pas pourquoi cela est arrivé (on juge normal que cela soit arrivé), on se pose une autre question : est-ce que celui qui a fait cela, qui a fait le pire ou qui pouvait le faire, est-ce qu'il avait le droit de le faire ? Est-ce qu'il a bien fait de le faire ? La justice n'est pas la comédie. Elle montre la souffrance. Comme à la comédie. Elle fait admirer la violence et la force. Comme à la comédie. La comédie fait triompher la force. La justice aussi, s'il a été possible de démontrer que cette force était, pour quelque raison, légitime. En plus, la justice fait quelque chose que la comédie ne fait pas. Elle se présente comme une institution indépendante, non seulement du pouvoir (ce qui est déjà douteux), mais de toute la société, comme si elle était une institution capable de lutter contre la société, contre la morale sociale et les vertus sociales, alors qu'elle est une émanation de tout cela, qu'elle y puise le principe même de son existence.

C'est peut-être cela finalement qui trompe le plus. La répression traite le crime comme s'il était une transgression, une anomalie, un danger, comme s'il était condamnable en soi. Nous associons facilement ces deux notions. Le crime n'est pas la seule cause de nos malheurs, mais c'est un malheur possible, un mal contre lequel il faut lutter et se prémunir. Aussi la répression nous apparaît-elle comme une solution nécessaire, même si elle est inefficace. Faire mal pour lutter contre le mal. Ce serait sans doute logique si la justice traitait le crime de cette manière, si elle le traitait effectivement comme une anomalie, un mal, une faute. Ce n'est pas du tout le cas. Au fond, elle le considère, elle le respecte, elle l'admire et elle le justifie. Si elle ne fait que suivre ainsi l'axe qui structure l'ensemble des comportements sociaux, elle n'en surprend pas moins tous ceux qu'elle incrimine et qu'elle juge en leur demandant des comptes sur des bases qu'ils ne comprennent pas. Ils s'attendaient à une enquête qui chercherait à faire jeu égal entre l'acte et l'intention, à expliquer l'acte par l'intention et à replacer le tout dans leur histoire. Au lieu de cela, ils découvrent une institution qui ne leur demande qu'une chose : avais-tu le droit d'imposer tes solutions par la force ? Si tu nous démontres que tu avais ce droit, tu es sauvé. Sinon, tu es perdu.

Ce malentendu total, qui se traduit quotidiennement par des peines d'une dureté injustifiable, trouve son expression la plus significative dans la question du terrorisme. Semer la terreur en choisissant ses victimes au hasard. Est-ce que c'est cela, le terrorisme ? Oui et non. Il manque un élément à la définition, un tout petit élément, qui va tout changer. On n'est pas un terroriste si on tue le plus de gens possible au hasard. Cela ne suffit pas. Il faut l'avoir fait ou avoir essayé de le faire, mais il faut surtout faire savoir qu'on l'a fait volontairement, dans un but déterminé, dans le contexte d'une lutte d'une plus grande ampleur, dans le cadre d'une action aux ambitions plus vastes, dans le dessein d'imposer ou de faire connaître une revendication politique.

Si cela arrive, si de telles déclarations sont faites, si l'action est effectivement « revendiquée », cela va déclencher un mécanisme de réaction sociale très particulier. Dans une première phase, on se demandera si la revendication est crédible. C'est le travail de la police. Il s'agit d'authentifier la déclaration, de s'assurer qu'elle émane bien ou qu'elle peut émaner du groupe au nom duquel elle est faite. Vérifier l'authenticité de la déclaration, lui délivrer un certificat d'origine, c'est aussi répondre à d'autres questions. Est-ce que ce groupe existe ? Est-ce qu'il a déjà accompli des actions similaires ? Au cours de cette première phase, l'enquête peut très bien arriver à la conclusion que la revendication n'est pas authentique et que l'action ne peut être attribuée à aucun groupe connu. L'action est là pourtant, et les ravages qu'elle a causés demeurent, mais il n'est pas possible de lui donner une filiation politique. C'est donc un crime de droit commun. Une affaire de gueux ou de fou, qui n'a plus le même intérêt, ni la même importance. Dans une seconde phase, si le sentiment que le crime a pu être commis par un groupe politique prédomine, on examinera les thèses et les forces en présence. On se demandera de quels appuis financiers, logistiques et même moraux le groupe a pu disposer, quels sont les moyens de lutter contre lui et, naturellement, quelle peut être l'influence de ses actions sur la politique intérieure de l'État menacé. S'il advient maintenant que les auteurs, authentiquement reconnus comme terroristes, soient identifiés et arrêtés, c'est une nouvelle alternative qui va se présenter. Est-il plus opportun de les expulser ou de les juger ? Il est évident qu'une telle question ne devrait pas se poser. Appliquer la loi, respecter l'autorité judiciaire, c'est écarter la question sans examen. Un crime a été commis. Il a fait des victimes. Les auteurs de ce crime ont été arrêtés. Ils doivent être jugés et condamnés. Si l'intervention judiciaire occupait dans le système social la place qu'on lui réserve officiellement et dont elle a besoin pour faire admettre la dureté de ses décisions, la question ne se poserait même pas. L'expulsion des criminels hors du territoire ne serait pas envisagée un seul instant. En fait, on sait que la question se pose, s'est posée et qu'on lui a souvent donné une réponse qui violait ouvertement la loi et le droit. Il est arrivé en effet que les terroristes aient été expulsés sans jugement. Ces gens avaient tué. Ils avaient reconnu être les auteurs des meurtres. La loi commune s'appliquait parfaitement à eux et ils n'ont pas été jugés. Le gouvernement de l'État menacé a estimé que des intérêts légitimes supérieurs justifiaient la violation de la loi. En fait de raison d'État, on a considéré que le jugement, la condamnation et la détention des terroristes faisaient encourir un risque de représailles insupportable. Ces terroristes, dont la culpabilité ne faisait aucun doute puisqu'ils avaient eux-mêmes revendiqué leur crime, ont donc été escortés par la police jusqu'à l'aéroport où l'avion qui devait les emmener dans un pays d'accueil les attendait. C'est une scène qui n'est pas passée inaperçue. Non seulement la police n'a pas conduit ces hommes devant le juge afin que celui-ci leur applique la sanction qu'il a décidée hier et qu'il décidera demain contre d'autres hommes également ou moins coupables, mais cette même police a assuré leur transport et leur protection jusqu'à l'avion qui devait les amener vers la liberté. Ceux qui étaient en prison, pour des faits cent fois moins graves, les ont vus partir. Ils ont entendu les sirènes de l'escorte, ces mêmes sirènes qui, parfois, accompagnent leurs déplacements de la prison au palais de justice et du palais de justice à la prison. Ils ont vu qu'il y avait une différence entre eux qui allaient rester encore des années dans la prison et ces hommes qui filaient vers la liberté. Ils se sont demandé pourquoi il y avait cette différence. Quel est le genre de questions qu'ils pouvaient se poser ? Fallait-il admettre que ces hommes étaient moins coupables qu'eux ? Ça n'était pas possible. Alors fallait-il penser que, bien qu'étant aussi coupables, ils étaient meilleurs ? Mais alors, c'était reconnaître qu'on serait meilleur si on se faisait un mérite d'avoir réussi à tuer après l'avoir voulu et après l'avoir fait. De quel côté ces prisonniers pouvaient-ils tourner leur esprit rendu malade par la vue de la différence ? Devaient-ils se reprocher de n'en avoir pas fait assez, de n'avoir pas tué assez de monde, de ne pas paraître assez dangereux et assez menaçants ? S'ils avaient, eux aussi, réussi à donner l'impression que leur présence dans la prison faisait encourir un risque de représailles insupportable, les aurait-on enfin libérés ?

Mais il arrive aussi que ces gens soient jugés. Ils vont au procès de bon cœur. S'ils ne contestent pas purement et simplement l'autorité du juge, ils sont résolus à se servir de l'audience comme d'une tribune. Ils pensent que le procès va leur donner l'occasion de faire connaître et d'exprimer leurs idées et leurs motivations. Ils ont parfaitement raison de penser cela puisque tout le monde pense comme eux. S'il y a quelque apparence que leur action peut se rattacher à une entreprise politique crédible, c'est-à-dire capable d'inspirer l'intérêt par la peur, ils sont assurés que leurs idées et leurs motivations seront soumises à un examen attentif. Mais il faut absolument qu'il y ait cette apparence. Qu'ils prennent bien garde. Le juge fera d'abord tous ses efforts pour démontrer que la motivation politique ne tient pas, que cette prétention ne repose sur aucun fait, que le groupe auquel ils prétendent appartenir n'existe que dans leur imagination, qu'ils avaient d'ailleurs des motifs personnels qu'ils ont soigneusement cachés et que l'enquête a révélés, qu'en somme ils ne sont *que* des criminels de droit commun. On sait pourquoi le juge se comporte ainsi, pourquoi il tente de faire cette percée dans le système de défense. S'il échoue, c'est toute sa capacité de juger qui va se trouver mise en cause et menacée de destruction. A partir du moment où l'action terroriste réussit à maintenir un lien vraisemblable avec une action politique assez puissante pour inspirer le respect, le procès change totalement son cours et son aspect. Désormais, la question posée ne sera plus celle de savoir si le comportement de l'accusé permet d'approuver son crime (comme c'est le cas dans les affaires passionnelles et de légitime défense), elle se présentera de la manière suivante : est-ce que cette action que l'accusé revendique, non pas pour se faire aimer ou approuver du juge, mais pour vaincre ou convaincre, est-ce que cette action est légitime? Cette nouvelle question se pose devant le juge, mais elle ne s'adresse pas spécialement au juge. Elle sort du cadre judiciaire et elle s'impose à toute la société.

Il faut regarder cela pour bien comprendre à quel point les porte-parole de la société sont prêts à s'incliner devant la violence et devant la force si cette violence et cette force leur paraissent légitimes, c'est-à-dire conformes à leurs idées. Ce qui est radicalement changé, c'est que le débat délaissera des pans entiers du procès criminel, les plus humiliants pour l'accusé. La question psychiatrique et l'ensemble des questions de personnalité ne seront pratiquement pas abordées. Cela signifie que les accusés seront traités dignement, avec des égards dont ils bénéficient rarement dans les procès dits de droit commun. Chose extraordinaire, vraiment stupéfiante, les actes criminels seront traités comme des actes moralement propres. Du moment que l'hypothèse d'un intérêt purement personnel, d'un intérêt d'argent par exemple, aura été écartée, l'affaire sera examinée avec une sorte de bienveillance morale. Comme si l'intérêt pour une cause était moins personnel et surtout plus méritoire que celui qu'on peut porter à cette cause quotidienne qui consiste à satisfaire de vrais besoins, pour soi et pour ceux dont on a la charge. Comme si cette soudaine bienveillance morale pouvait avoir une autre raison que celle-ci : la cause politique inspire le respect quand elle fait peur. Elle appelle la bienveillance parce qu'elle donne des motifs de faire quelque chose dont on a le grand désir, justifier le crime.

Effectivement, dans la cause politique, le point en discussion restera très limité. Est-ce que ces crimes étaient légitimes, est-ce qu'ils étaient justifiés ? Certes, les avis seront partagés en fonction des buts d'action des terroristes. Il y a un terrorisme de droite et un terrorisme de gauche. Mais cela n'empêchera pas un véritable consensus sur la question essentielle. Même si cette action terroriste-là doit être condamnée pour des raisons d'idées, ni la gravité des crimes, ni le nombre des victimes n'interdiraient de penser qu'elle pouvait être pleinement justifiée.

On a jugé à Paris, au mois de janvier 1984, quatre

jeunes Arméniens qui étaient entrés les armes à la main dans les locaux du consulat turc et avaient pris en otages toutes les personnes qui s'y trouvaient. Plusieurs coups de feu ont été échangés, plusieurs personnes ont été blessées et l'une d'entre elles a été tuée à bout portant. La presse française est divisée selon ses orientations politiques. La presse de gauche est prête à aborder la question du génocide arménien qui se profile derrière l'action des quatre jeunes gens. Celle de droite est, en revanche, beaucoup plus réservée. Le président de la cour d'assises ayant fait justement observer qu'il valait mieux éviter d'employer le mot « terroriste » dans la mesure où ce mot conduit à la confusion des politiques et rend encore plus difficile le débat judiciaire, l'éditorialiste du journal *le Figaro* élève une protestation. Sous le titre : « Perversion de l'esprit », il s'offense (*le Figaro* du 26 janvier 1984) de voir que les quatre accusés n'expriment aucun regret et que le président de la cour d'assises semble, avec sa déclaration sur l'emploi des mots, les excuser par avance. Est-ce que cela veut dire que ce journaliste, manifestement peu enclin à excuser ces quatre jeunes gens, considère que l'action terroriste n'est jamais légitime, que l'action terroriste est condamnable au même titre que n'importe quelle action criminelle? Pas du tout. Et il le fait savoir immédiatement dans la suite de son article : « Il est inconcevable qu'il [le président] soit incapable de faire la distinction essentielle selon que l'attentat politique est commis dans un régime totalitaire ou dans une démocratie. Dans le premier cas, l'acte de sang peut être l'unique moyen de lutter contre la dictature; en ce sens, il est justifié. Dans le second, tous les autres recours sont utilisables; en ce sens, l'acte de sang est inacceptable. » On le voit, pour le journal conservateur, ce n'est pas le contenu criminel de l'action des Arméniens qui la rend injustifiable, c'est uniquement le fait que cette action a eu lieu dans un pays où on peut s'exprimer librement. S'il s'était agi de lutter contre la dictature, l'acte de sang aurait été *justifié.* Sur les conditions de justification du crime des Arméniens, il y a un désaccord entre la presse de droite et la presse de gauche, mais sur le fait que le crime n'avait rien en soi qui le rende injustifiable, il y a un consensus. Durant tout le procès, ce consensus n'aura cessé de se manifester. Les accusés l'ont parfaitement senti, qui posent avec des mines souriantes et font le V de la victoire. Tout le monde l'a senti, les témoins naturellement (venus parler du génocide arménien, ils ont eu des paroles d'apaisement après avoir exprimé leur tendresse pour les quatre accusés), mais aussi les victimes, qui leur ont adressé des sourires, et même les policiers, ces derniers ayant eu à cœur de souligner que les otages étaient « tous très calmes et en bonne forme. Aucun n'avait reçu de mauvais traitement ou de violences » (journal *Libération* du 27 janvier 1984). Le procès était lancé. Il irait sur son aire jusqu'à un verdict plutôt clément (sept ans de réclusion criminelle). Cette peine est même, pour celui qui a tué, d'une bienveillance extrême par rapport aux normes pratiquées dans les affaires dites de droit commun. Les malheurs du peuple arménien avaient été montrés. Les victimes du génocide, survivants qu'on avait oubliés, étaient apparues si faibles, si fragiles que les jeunes gens qui avaient voulu les venger ne pouvaient qu'être traités avec générosité. Cela ne correspondait pourtant à aucune nécessité véritable, à aucune raison objective. Derrière l'attendrissement général, l'émotion soulevée par le spectacle de la souffrance des faibles, c'était une fois de plus le droit de vengeance qui triomphait, clouant la justice à sa place, l'éclairant comme elle est, faite pour exprimer la force ou lui céder le terrain.

Chaque fois qu'un attentat terroriste a lieu, c'est, dans la classe politique, un même automatisme. Les uns après les autres, les représentants des partis viennent s'incliner devant la mémoire des victimes, dénoncer en passant ce qui ne leur plaît pas dans les méthodes gouvernementales et, dans un ensemble parfait, condamner « l'odieux attentat ». Les formules employées sont peu nombreuses. On condamne le lâche et imbécile attentat, on désapprouve ces crimes aveugles que rien ne saurait justifier et on annonce des précautions formidables pour en empêcher le renouvellement. La réaction est maintenant tellement bien rodée que personne ne songe à s'étonner de voir et d'entendre tel ministre en exercice, tel leader d'un parti politique « condamner » le crime. A-t-on jamais entendu des déclarations similaires à propos d'une mère qui tue son enfant ou d'un convoyeur de fonds blessé mortellement par son agresseur? Est-ce seulement concevable? Si le crime terroriste fait l'objet d'un tel empressement à condamner de la part de la classe politique, c'est justement parce que chacun sait que ce type d'action criminelle va chercher à revendiquer sa légitimité et va, dans ce but, recruter des appuis dans les marges du personnel politique. Il est tellement évident que l'action politique peut naturellement déboucher sur la violence que ceux qui exercent le pouvoir ou ceux qui y postulent ont à se prémunir contre le soupçon d'être complices. Dans sa touchante ou feinte naïveté, l'expression de leur réprobation souligne avec force le fait que l'action criminelle, condamnée aujourd'hui, pourrait ne pas l'être demain. Le terrorisme suscite bien des frayeurs et bien des questions. On ne cesse de s'interroger sur les moyens de lutte des démocraties. Pourront-elles le prévenir efficacement sans atteindre les libertés dont elles dépendent pour leur existence ? On parle beaucoup moins du portrait collectif auquel nous invitons le terroriste à ressembler. Nous en avons fait un personnage héroïque vivant dans une légende où nous pouvons tout à la fois le craindre et l'admirer. Quand la menace se réalise, nous n'éprouvons pas seulement la peur d'un danger physique, mais une impression plus diffuse et plus vaste, qui se traduit par un sentiment d'abandon. On se sent vulnérable parce qu'on a la pensée flottante que ces gens ont profité sinon de complicités, du moins d'une sorte de soutien tacite. On l'a vu en France au mois d'octobre 1980. Les familles des victimes de l'attentat de la synagogue de la rue Copernic ne savent toujours pas qui sont les assassins, mais la conscience collective a été apaisée par la grande manifestation d'indignation et de solidarité qui a suivi les faits bien mieux qu'elle n'aurait pu l'être par le procès et la condamnation des coupables. Cette manifestation était un acte politique qui répondait à un autre acte politique, l'apparente indifférence des autorités de l'État dont les réactions tardives avaient revêtu une grande signification. Cette manifestation a donné satisfaction à un besoin collectif qui n'aurait pas manqué d'exercer sa pression à l'occasion du procès si le procès avait eu lieu. On a ainsi la preuve que l'attente de l'opinion peut parfaitement être comblée sans qu'aucune peine soit prononcée contre les coupables. C'est normal puisque cette attente n'a strictement rien à voir avec leur responsabilité ni avec la gravité des faits. Mais le plus souvent le procès se déroule à un moment où aucun geste n'est venu signifier de manière tangible que l'acte criminel (toujours perçu par la victime et son entourage comme une répercussion de la violence collective) était solennellement condamné. En l'absence de ce signe, le procès aura à remplir une double fonction. Il devra combler le vide laissé par le silence de l'autorité politique et, en même temps, juger le coupable et choisir la peine. Les mécanismes du procès sont tels qu'il ne peut absolument pas assumer équitablement ces deux missions. La seconde, le choix de la peine, sera totalement pervertie par la première. Ces deux missions sont d'ailleurs antinomiques. La mission symbolique, à laquelle la mission répressive est sacrifiée, passe en effet par une démonstration de force, une exhibition des vertus criminelles et l'approbation implicite du crime justifié, tandis que la seconde, pour être efficace, doit entrer en communication avec l'accusé et se faire accepter par lui comme une réponse proportionnée à ses intentions et adaptée à l'écart que l'action a creusé entre ces intentions et la réalité. Dans les affaires de terrorisme, les deux fonctions sont parfaitement distinguées et séparées. La fonction symbolique révèle toute sa signification politique : deux types de violence s'affrontent. La réprobation partielle de la violence exprimée par l'acte terroriste permet à chacun de déterminer le niveau de violence collective qu'il juge acceptable. La réprobation de l'acte terroriste est une approbation implicite de la violence que cet acte prétend combattre. Le terrorisme étant jugé illégitime, c'est la violence sociale qui retrouve toute sa légitimité. C'est pourquoi la fonction symbolique de réprobation est pleinement assumée par l'autorité politique sans qu'il soit même nécessaire qu'un procès ait lieu. Dans les affaires de droit commun, au contraire, cette fonction influe sur le procès, lui impose des allures qui n'ont pas grand-chose à voir avec les faits et l'amène à des solutions d'une injustice totale.

13

PLUS OU MOINS DE BARBARIE?

Quand j'ai parlé de crime, je l'ai fait le plus souvent dans le sens du langage courant qui pense d'abord aux crimes de sang. Bien qu'ils occupent une place réduite dans la justice pénale, ils lui servent de matrice. L'ensemble de nos idées et de nos besoins à propos du crime définit une figure criminelle qui domine tout le procès pénal. Cette figure est une œuvre collective faite de nos préjugés, de nos peurs et de nos désirs. Nous y participons tous, plus ou moins consciemment, plus ou moins activement. Nous cherchons à la retrouver partout où cela est possible. C'est pourquoi nous la traquons dans nos goûts et dans tous nos choix culturels ou esthétiques. Surtout, nous voulons qu'elle apparaisse là où il y a du malheur avec une cause humaine. Le procès pénal sert à nous la montrer sous l'aspect le plus conforme à nos désirs. L'acte criminel, tel qu'il est jugé, est systématiquement transformé, dénaturé et altéré pour améliorer la démonstration. Son auteur ne peut plus se reconnaître en lui puisque cet acte n'exprime pas ses intentions personnelles mais les nôtres, telles qu'elles se manifestent dans l'attente d'un grand crime auquel nous puissions adhérer. Les rigidités du rituel judiciaire nous permettent de vider pudiquement ce trop-plein sensuel d'images sociales, moitié offertes, moitié refusées, dont nous ne savons comment déborder. Les émotions et les sensations, guidées et canalisées par le cérémonial, occupent la plus grande partie du terrain. C'est dans cet espace confiné et intellectuellement atrophié qu'on prétend prendre des décisions pondérées, rationnelles et équitables. En réalité, les jugements se forment au paroxysme des sensibilités en suivant des règles qui ne sont pas énoncées. Les impressions arrivent par paquets, noués les uns aux autres, jetés là à grandes brassées, accumulant leurs épouvantes opaques. Quant aux règles, elles suintent peu à peu. Ni la gravité des faits, ni la responsabilité personnelle de leur auteur ne font partie des priorités. Ce qui compte, c'est la façon dont le crime en lui-même va pouvoir être *rendu*. Il ne s'agit pas de savoir quelle est la part réellement prise par l'accusé dans la commission du crime. Ce n'est pas la faute de l'accusé qui détermine la nature de la condamnation, c'est la figure criminelle, c'est-à-dire cet ensemble de concours qui rassemblent toutes les énergies disponibles pour rendre visible, à l'occasion de chaque fait divers, le plus de crime possible. Le but du procès étant de montrer le crime, de l'exposer et de l'excuser, la décision de punir – qui est l'échec et non pas le succès du procès – ne dépend ni du comportement personnel de l'accusé, ni des résultats objectifs de son action. L'intention coupable pas plus que les conséquences irréparables de l'action ne font obstacle à l'acquittement si le juge trouve dans les circonstances extérieures des motifs qui justifient le crime. Si le crime ne peut être justifié, il peut encore être partiellement excusé. Si l'excuse est admise, cela ne sera pas une conséquence d'un examen approfondi de la personne de l'accusé. L'ensemble des dispositions et des particularités qui constituent sa personnalité et qui lui permettent de tenir debout jour après jour en exprimant ses désirs, ses ambitions, ses rêves et tout l'empire de sa volonté, tout cela n'aura pas retenu l'attention. Sa situation personnelle pas davantage. Il ne demandait même pas qu'on tienne compte du handicap qui l'a placé en position défavorable au moment du départ de la course. Sans trop oser la souligner, il se disait seulement cette chose simple : « Si on doit me juger, est-ce qu'il ne serait pas normal qu'on mesure la portée de mes actes par rapport aux obstacles que j'ai dû franchir et aux efforts que j'ai faits ? » Il ne se disait pas que la justice devait essayer d'atténuer les inégalités dont il avait forcément souffert. Après tout, il aurait pu se le dire. La justice pourrait avoir cette mission. Elle pourrrait être tendue vers cet objectif. Mais non, il n'avait pas cette prétention. Son idée, c'était qu'on allait essayer de mettre côte à côte, pour comparer, la loi, l'infraction, le préjudice causé par l'infraction d'un côté et, de l'autre, tous les moyens dont il s'était servi jusqu'à présent pour obtenir ce dont il avait besoin. Ainsi peut-être on verrait qu'il n'avait pas abusé de ce rapport, qu'il n'avait rien désiré au-delà de ce qui était strictement nécessaire et qu'il s'était comporté, par conséquent, comme un homme ordinaire auquel on laisserait une place sociale ordinaire. C'était là sa pensée. Il avait réellement cru que cela était possible. Sans concevoir, au moins au début, que le procès n'était absolument pas concerné par ce genre de préoccupations. L'excuse n'irait pas à celui qui avait su respecter certaines proportions dans sa vie et dans ses comportements quotidiens, elle se porterait au secours de celui dont les actes apparaîtraient, de façon toute extérieure, légitimes. Pour être excusé, il ne fallait pas montrer qu'on avait eu besoin de commettre l'infraction, il fallait donner envie de faire ce qu'on avait fait et laisser voir que, dans cet acte illégal, c'étaient les valeurs sociales les plus dures qui l'avaient emporté. Une fois de plus, c'était le plus fort qui gagnait.

Dans le procès, la figure criminelle (donc l'œuvre collective) prenait le pas sur la part criminelle (donc l'œuvre individuelle) et commandait les solutions pénales. Cette prédominance allait bien au-delà de la fonction symbolique. Ce n'était pas seulement une apparente réprobation collective, solennellement manifestée, qui s'exprimait. On assistait vraiment à une victoire de la violence, adaptée aux besoins collectifs, reprise en main par l'idéologie sociale, mais la violence tout de même. Pourquoi pas ? Ce n'est pas l'idée que, d'ordinaire, on se fait du procès. Mais tant pis. Il y a des crimes. On ne pourra pas empêcher cela. La société aime les crimes. Pourquoi le procès ne serait-il pas l'occasion de permettre à ces valeurs sociales de combat de se montrer ? Elles sont un peu déguisées, mais c'est une façon d'impressionner encore plus. Y a-t-il de bonnes raisons de s'opposer à cela ? Est-ce qu'on va faire disparaître la violence des relations sociales alors que tout le système repose là-dessus et que personne n'a réellement le désir de changer ce système ? J'ai parlé du crime dans le sens ordinaire, parce que le crime est la matrice, mais les solutions trouvées pour le crime s'appliquent à des infractions qui sont criminelles au sens juridique du terme et n'ont rien de criminel dans le sens ordinaire. Les peines – car il s'agit maintenant de parler des peines –

sont prononcées sur les bases de ce combat social. Les peines les plus dures frappent les plus faibles, mais, pour les mêmes raisons, elles s'appliquent aussi à des faits qui n'ont pas le caractère criminel. Les mécanismes que je viens de décrire ne sont pas seulement à l'œuvre dans le jugement des crimes de sang. Ils sont employés avec la même dureté, le même aveuglement, dans la répression des vols. Alors, évidemment, on peut toujours admettre que le procès soit bien comme défoulement collectif, qu'il soit utile pour faire triompher la violence sociale sans entraîner de nouvelles violences physiques. Quand le rituel concerne des actes de destruction de la vie, on peut être tenté de s'incliner devant un tel dévoiement. Seulement, le plus souvent, ce n'est pas le cas. Ce qui arrive, c'est que ces pratiques barbares s'appliquent tous les jours à des actes qui sont sans gravité réelle et à des gens qui avaient évidemment le plus besoin, parce qu'ils étaient en position de faiblesse (socialement, moralement, intellectuellement), de commettre ces actes. Alors là, ce n'est plus une façon comme une autre d'amuser le tapis et de se faire plaisir collectivement, c'est une séance de cirque imbécile et cruelle qu'il faut arrêter.

Cruelle en raison du principe, de la durée et des conditions d'exécution de la peine. Le principe de la peine est étranger à la faute. Le condamné ne peut pas trouver matière à s'amender dans un système qui s'incline à ce point devant la force et la violence. Il est porté à imiter le système alors que ses actes, au début de son expérience pénale, ont été le plus souvent des gestes d'appropriation non violents. Les peines sont longues, beaucoup trop longues. Si on les réduisait de moitié, elles seraient encore trop longues. La majorité des longues peines (une peine supérieure à cinq ans est une longue peine) sont prononcées dans des affaires où il n'y a pas eu de sang versé. Dans les affaires de vol aggravé, les peines sont le plus souvent supérieures à cinq ans et atteignent parfois quinze ans de réclusion. Il n'y a aucune raison sérieuse qui justifie de pareilles sanctions. C'est nous, à la fin, qui mettons les gens en prison, uniquement pour leur faire mal puisque la prison ne sert à rien. Les années passent, nous les laissons sortir. C'est à ce moment que le système devient imbécile après avoir été cruel. Ces gens, qui sont exactement ce que nous sommes (ni meilleurs, ni pires), n'ont aucune envie de faire des efforts pour obtenir lentement ce dont ils ont besoin et qu'ils peuvent se procurer rapidement. En plus, ils pensent qu'on leur doit quelque chose. Comme, par ailleurs, ils sont bien décidés à ne pas retourner en prison (ils y ont trop souffert et trop longtemps), ils sont prêts à faire n'importe quoi pour ne pas être arrêtés. Si nous voulions mettre en danger la vie de ceux qui sont chargés de les arrêter, nous ne nous y prendrions pas autrement. Quand les jurys d'assises appliquent les longues peines, ils sont pris dans un système qui leur laisse une liberté de réflexion très réduite. Il leur arrive cependant de comprendre les choses comme elles sont dans la réalité, mais les peines très longues qu'ils choisissent sont encore inférieures du tiers ou de la moitié à ce que prévoit la loi. C'est pourquoi il faut changer la loi. Il faut réduire les peines. Il n'y a pas à faire d'angélisme. On ne va pas faire disparaître le crime et apaiser la société d'un coup en réduisant les peines. On fera sortir du crime tout ce qui ne lui appartient pas, tout ce que nous y avons mis pour satisfaire nos propres besoins sans nous soucier du mal que nous causons à ces auteurs de circonstance que les inégalités sociales ont placés sur le devant de la scène. En réduisant les peines, nous réduirons un peu la partie la plus hideuse du crime, cette figure criminelle dont nous sommes les vrais auteurs, prudents et anonymes.

TABLE

COLLECTION « FIGURES »
dirigée par Bernard-Henri Lévy

Jean-Paul Aron et Roger Kempf, *le Pénis et la démoralisation de l'Occident.*
Jean Baudrillard, *les Stratégies fatales.*
Jean-Marie Benoist, *la Révolution structurale.*
Claudie et Jacques Broyelle, *Apocalypse Mao.*
Claudie et Jacques Broyelle, *les Illusions retrouvées.*
François Châtelet, Jacques Derrida, Michel Foucault, Jean-François Lyotard, Michel Serres, *Politiques de la Philosophie* (textes réunis par Dominique Grisoni).
Catherine Clément, *Les fils de Freud sont fatigués.*
Catherine Clément, *l'Opéra ou la défaite des femmes.*
Catherine Clément, *Vies et légendes de Jacques Lacan.*
Annie Cohen-Solal, *Paul Nizan, communiste impossible.*
Christian Delacampagne, *Antipsychiatrie. Les voies du sacré.*
Galvano Della Volpe, *Rousseau et Marx.*
Jean-Toussaint Desanti, *Un destin philosophique.*
Laurent Dispot, *la Machine à terreur.*
Jean-Paul Dollé, *Voies d'accès au plaisir.*
Jean-Paul Dollé, *l'Odeur de la France.*
Jean-Paul Dollé, *Danser maintenant.*
Michel Guérin, *Nietzsche. Socrate héroïque.*
Michel Guérin, *Lettres à Wolf ou la répétition.*
Gérard Haddad, *Manger le Livre. Rites alimentaires et fonction paternelle.*
Heidegger et la question de Dieu (sous la direction de R. Kearney et J.S. Leary).
Jacques Henric, *la Peinture et le Mal.*
L'Identité, séminaire dirigé par Claude Lévi-Strauss, 1974-1975.
Christian Jambet, *Apologie de Platon.*
Christian Jambet et Guy Lardreau, *l'Ange.*

Christian Jambet et Guy Lardreau, *le Monde.*
Guy Lardreau, *la Mort de Joseph Staline.*
Michel Le Bris, *l'Homme aux semelles de vent.*
Michel Le Bris, *le Paradis perdu.*
Dominique Lecourt, *Bachelard. Le jour et la nuit.*
Bernard-Henri Lévy, *la Barbarie à visage humain.*
Bernard-Henri Lévy, *le Testament de Dieu.*
Bernard-Henri Lévy, *l'Idéologie française.*
Jean-Luc Marion, *l'Idole et la Distance.*
Anne Martin-Fugier, *la Bourgeoise.*
Anne Martin-Fugier, *la Place des bonnes.*
Philippe Nemo, *l'Homme structural.*
Philippe Nemo, *Job et l'excès du mal.*
Pasolini, séminaire dirigé par Maria Antonietta Macciocchi.
Françoise Paul-Lévy, *Karl Marx, histoire d'un bourgeois allemand.*
Philippe Roger, *Sade. La philosophie dans le pressoir.*
Guy Scarpetta, *Brecht ou le soldat mort.*
Guy Scarpetta, *Éloge du cosmopolitisme.*
Michel Serres, *Zola. Feux et signaux de brume.*
Daniel Sibony, *l'Amour inconscient.*
Daniel Sibony, *la Juive : une transmission d'inconscient.*
Bernard Sichère, *Merleau-Ponty ou le corps de la philosophie.*
Bernard Sichère, *le Moment lacanien.*
Alexandre Soljenitsyne, *l'Erreur de l'Occident.*
Philippe Sollers, *Vision à New York.*
Gilles Susong, *la Politique d'Orphée.*
Armando Verdiglione, *la Dissidence freudienne.*
Armando Verdiglione, *Fondations de la psychanalyse. I. Dieu.*
Giambattista Vico, *Vie de Giambattista Vico écrite par lui-même.*
Claude Vigée, *l'Extase et l'Errance.*
Claude Vigée, *le Parfum et la Cendre.*

www.ingramcontent.com/pod-product-compliance
Lightning Source LLC
LaVergne TN
LVHW011006061026
849535LV00006B/1745